LUMIÈRES
VERS LA CHAMBRE DU MILIEU

Solange Sudarskis

11

Vagabondages maçonniques

TABLE DES MATIÈRES

NB. Pour épargner le lecteur souhaitant accéder aux références de la documentation sur le web, des liens avec frappe au clavier simplifiée ont été créés avec le logiciel *tinyurl.com*.

1 LE JEU DE LA MORT, LA MORT DU JE

Le Parricide contrairement au fratricide fait place à la disparition d'une hiérarchie surplombante. En tuant Hiram, les mauvais compagnons tuent-ils un frère, une autorité ou une sous-représentation du divin?

Une fois la question posée que faire de notre violence?

Le problème de base à éclaircir est que nous sommes tous plus ou moins violents. Oui, plus ou moins, selon les circonstances.

Bien évidemment, nous sommes tous des êtres civilisés et bien-pensants et bienveillants. Le seul et unique point faible de toutes les argumentations est que personne n'est prêt à admettre sa propre violence. Notre culture nous persuade que cette fameuse énergie destructrice est le résultat d'une frustration ou d'une violence extérieure.

La psychanalyse nous donne une formule simple: la violence subie induit l'agression. Cependant, Henri Laborit émet l'hypothèse que la violence subie par un individu s'accompagne de perturbations biologiques qui vont, en réponse, modifier son comportement jusqu'à se déchaîner en violence.

Ne devrait-elle pas lui donner quelques excuses? Ce message très sain est paradoxalement voilé par les messages moraux de l'époptie de la cérémonie de réception au grade de maître qui refusent de reconnaître que la violence est inhérente aussi à la vie. Le maître n'est-il présenté comme quelqu'un pour qui vertus et perte d'ego font plus que force ni que «rat-je»?[1]

D'ailleurs, une autre équation simple nous dit: «Sans agression pas de vie possible. Il faut tuer pour survivre, pour manger, etc.»! Cela nous le savions depuis longtemps, et il faut se rendre compte que le simple fait de naître est un acte violent pour la mère et surtout pour l'enfant. Son cri primordial est-il, dans son passage de l'eau à l'air, l'effroi de sa mort annoncée? Par la suite, la reconnaissance de son agressivité va-t-elle lui permettre de trancher les questions de bien ou de mal - et de sa culpabilité en corollaire - de tolérer des tensions et de pouvoir «tuer» ce poids de soi-même? C'est par le jeu cathartique qu'il va reconnaître son plaisir à manipuler son agressivité pour la dominer nous disent les psy. «Quand on n'a pas joué à faire des accidents avec des petites voitures, ou avec des figurines de pompiers qui viennent éteindre le feu en faisant "pin-pon", on ne sait jouer qu'en vrai», nous dit le pédopsychiatre Maurice Berger.

Jacqueline de Romilly a mis en évidence la fonction psychologique et sociale de la tragédie grecque qui permettait d'extérioriser la violence via un phénomène d'identification du spectateur à l'acteur-personnage et de l'évacuer ainsi hors des murs de la cité.

Le rituel maçonnique accomplit une purification assez semblable grâce au spectacle visuel qu'il livre. La violence

---

[1] Henri Laborit, *l'Inhibition de l'action*, vidéo: <tinyurl.com/experience-sur-les-rats>.

est théâtralement mise en scène, particulièrement lors du psychodrame de la cérémonie et du rituel de réception au grade de Maître. N'offre-t-il pas ainsi le cadre et tous les processus du jeu de rôle nécessaires au développement psychique et à son harmonisation entre ténèbres et lumières? Outre l'issue fatale, on lit dans le *Rituel du 3ème degré du Marquis de Gages*: «faites-moi parvenir ce malheureux Compagnon jusqu'au pied du trône de la vérité et de la justice par la marche des Maîtres... Lors, on applique **un grand coup de rouleau** de carton ou papier **sur l'épaule gauche** du récipiendaire puis on le fait partir du pied gauche du Midi pour aller à l'Orient par le Nord; il reçoit **un pareil coup sur l'épaule droite** puis il part du Nord pour aller à l'Orient, il reçoit un **pareil coup sur la tête** à l'Orient»[2]. De nos jours, heureusement, le rituel du RER se montre plus doux, l'épreuve est devenue plus allégorique: on placera sur le tapis à l'Occident, au Midi et au Nord, trois rouleaux de papier ou de carton avec lesquels le **candidat sera frappé légèrement sur le dos**, lorsqu'il fera les trois pas de Maître, par les Frères qui en auront reçu l'ordre du Vénérable Maitre[3].

Si la cérémonie enlève sa plénitude matérielle à l'assassiné, elle lui ouvre cependant les portes du plus grand des mystères: la mise en perspective de la vie et de la mort. Les jeux de rôle font comprendre, entre autre, qu'il y a un travail à faire sur la peur en soi de cette violence absolue.

«La mort de tout homme me diminue, parce que j'appartiens au genre humain; aussi n'envoie jamais

---

[2] Voir la gravure: <tinyurl.com/les-rouleaux-de-papier>.

[3] *Rituel du grade de Maître au RER*, rédigé au Convent de 1782, complété par J.-B. Willermoz en 1802: <tinyurl.com/Rituel-maitre-RER>.

demander pour qui sonne le glas: c'est pour toi qu'il sonne»[4].

Le travail maçonnique n'est-il pas d'apprendre à mourir en transmutant cette peur de la mort en bonheur du présent comme un présent de la vie?

____

[4] John Donne, *Devotions Upon Emergent Occasions Meditation XVII.* 1624. "therefore never send to know for whom the bell tolls; it tolls for thee", au paragraphe: *No man is an island*, ... (Aucun homme n'est une île): <tinyurl.com/pour-qui-sonne-le-glas>.

2 L'ACACIA QUI S'Y FROTTE S'Y VIT

Le mot «acacia» proviendrait d'une étymologie grecque *a-kakos* (α-κακός) signifiant «privé de mauvais».

Dans tous les Mystères antiques, alors que la plante sacrée était un symbole de l'initiation, l'initiation elle-même était le symbole de la résurrection à une vie future et de l'immortalité de l'âme. Dans cette optique, la Franc-Maçonnerie a substitué l'acacia au lotus, à l'érica, au lierre, au gui et au myrte.

Les Égyptiens avaient, en effet, choisi l'*érica* ou bruyère, comme plante sacrée. Dans les mystères d'Osiris, une légende raconte qu'Isis, à la recherche du corps de son mari assassiné, l'avait découvert enterré au front d'une colline, près de laquelle une erica (la bruyère), grandissait; après la récupération du corps et la résurrection du dieu, lorsqu'elle a établi les Mystères pour commémorer sa perte et sa guérison, elle aurait adopté l'*érica*, comme plante sacrée, en souvenir de l'endroit où les *restes mutilés* d'Osiris étaient cachés[5].

Chez les Égyptiens de l'Antiquité, l'acacia est présent dans l'iconographie funéraire; l'acacia, *ished*, qui signifie «ce qui donne la félicité», était considéré comme un arbre sacré sur les feuilles duquel Thot et la déesse de l'écriture étaient réputés transcrire les noms du Pharaon pour lui souhaiter

---

[5] Albert G. Mackey, *The symbolism of Freemansonry*, Chap. XXVIII. *Le brin d'acacia*: <tinyurl.com/brin-d-acacia>.

prospérité et longue vie; son nom hiéroglyphique est *shen* (Le Chen est un anneau qui représente le concept d'éternité, sans commencement ni fin). Dans le sarcophage de granit d'Aménophys II, on découvrit sur le corps du défunt une branche d'acacia.

Les Égyptiens l'utilisaient pour fabriquer des secrétaires à papyrus, dés malles et des coffres à momies. Le papyrus du *Livre des Morts d'Ani*, découvert à Thèbes en 1887 par Wallis Budge contient hymne et litanie à Osiris. La section 5 de la litanie comporte une invocation toute spéciale: «Hommage à toi, ô seigneur de l'Acacia». Cela permet de suggérer que le Hiram de la légende maçonnique serait un avatar symbolique d'Osiris?

Selon la tradition juive, le terme hébreu qui désigne l'acacia est «Shita» (shin-Teth-Hé, שִׁיטָה), or ce mot en guématrie vaut 314, qui n'est autre que la valeur de Shaddaï, le nom divin Tout Puissant. Ainsi par cette équivalence traditionnelle, la branche d'acacia, emblème et symbole du maître maçon, nous ramène par l'expression voilée vers l'un des noms du G.A.D.L'U.

Le Midrash raconte que Jacob avait, par inspiration prophétique, vu qu'un jour sa descendance sortirait d'Égypte et qu'elle serait amenée à construire un sanctuaire dans le désert. C'est pourquoi, lorsqu'il fut contraint à descendre en Égypte à cause de la famine, il apporta avec lui d'Israël des plants de shittim qu'il fit planter à Goshen. Ainsi, tout au long de l'exil, les enfants d'Israël ont entretenu ces arbres qui étaient devenus le symbole de leur espérance.

Après avoir servi de poteau pour le temple itinérant dans le désert, les *shittim* furent utilisés pour la fabrication du mobilier sacré du Temple de Salomon. Le poteau, le pilier qui marque le lieu, se dit en hébreu *amoud*. Ce mot a la même racine (aleph, mem, daleth, אמד, valeur théosophique 45) que les mots *omed* (debout), Adam, *amida* (le cœur de la prière quotidienne) et *madoua* (pourquoi?).

Le terme n'apparaît qu'une fois au singulier dans la Bible en Isaïe 41,19 dans un passage à caractère rédempteur. «Car moi, Yahvé, ton Dieu, je te saisis la main droite, je te dis: Ne crains pas, c'est moi qui te viens en aide [...] Je mettrai dans le désert le cèdre, l'acacia, le myrte et l'olivier».

Le sens étymologique du mot *shittah* signifierait «de feu de la connaissance cachée». Prétendument en or (ce ne fut qu'un projet), protégeant intérieurement l'arche, cet or représenterait les forces bénéfiques mises en jeu pour édifier l'univers; l'or extérieur, les forces contraires qui sont vouées à sa perte. L'acacia lui-même devait être autant protégé que la Loi conservée dans l'Arche, d'où les deux couches d'or. L'acacia aurait alors le sens de connaissance ésotérique avec ses deux facettes dorées. L'acacia serait donc l'image du libre choix qu'on ferait de la connaissance et, d'une façon générale, du libre-arbitre de l'homme qu'il y a lieu de protéger.

L'acacia méconnu, (l'acacia m'est connu), celui de la Bible, le Sittâh ou shittim (ou sethim), ne correspond à aucune des variétés présentes en France. C'est un arbre du désert, au tronc tourmenté et noueux, d'un bois très serré, extrêmement dur dont les branches sont recouvertes d'épines de trois à cinq centimètres. C'est avec le bois de shittim que les Hébreux firent certaines parties du mobilier sacré comprenant le tabernacle, l'autel des sacrifices, la table des pains de proposition et l'Arche de l'Alliance.

L'aspect déchiqueté des branches n'est pas sans poser de problèmes aux exégètes dont certains pensent qu'il a pu, aux temps bibliques, exister un acacia d'une variété plus élancée, aux branches droites, alors que d'autres se réfèrent aux légendes rapportant que le nom de shittim évoque des cèdres qui auraient été plantés dans le désert en vue de la construction de l'Arche par des ancêtres visionnaires[2].

Dans le Sinaï, on raconte que l'acacia représente la mort parce que rien ne pousse aux alentours tant ses longues racines (plus de cinq mètres parfois) sont avides de la moindre trace d'humidité. On dit aussi que c'est un symbole d'immortalité, de pureté, car il est réputé imputrescible.

En Inde et en Afrique, presque tous les objets rituéliques sont faits en bois d'acacia. Chez les Bambaras d'Afrique par exemple, un rituel spécial était fait durant la saison sèche, car c'est à ce moment-là que l'acacia refleurit après avoir perdu ses fruits et ses feuilles durant l'hiver; chez eux les vieillards en fin de vie dormaient sur un lit d'acacia, préfigurant une vie éternelle dans l'autre monde.

Certains arabes consacraient à l'acacia un culte jusqu'au jour où Kaleb reçut l'ordre de Mahomet de l'anéantir[6].

Le terme **sanscrit** qui désigne l'acacia est *saplaparna* qui veut dire «plante à sept feuilles, les sept folioles».

Les savants l'appellent *Cercis siliquastrum*. Mais, dans la tradition, il reste l'Arbre de Judée, l'arbre célébré dans le Temple de Jérusalem. La Bible cite 29 fois l'acacia dans l'Ancien Testament. Ces occurrences se trouvent principalement dans le livre de l'Exode et se rapportent essentiellement à la construction de l'Arche (Ex 25.26.36) ainsi qu'à celle de l'autel (Ex 27. Ex 38). En Israël, les Bédouins reconnaissent au moins cinq espèces d'acacia; certains proches du mimosa des quatre saisons de la méditerranée, les autres de l'acacia d'hiver, moins feuillus et pourvus d'épines simples ou doubles.

---

[6] Consulter l'article *L'acacia* par Henry Bac à partie de la page 72 du n° 2 en 1981 de la *Revue Initiation*: <tinyurl.com/L-Initiation-1981-2>.

Les épines creuses de cet arbre pionnier (l'un des premiers à coloniser les espaces ouverts) d'**Amérique latine**, offrent un refuge et une nourriture aux fourmis lesquelles, en retour, protègent l'acacia de ses prédateurs et de ses concurrents. La relation est devenue tellement étroite entre la fourmi et la plante qu'elle en est symbiotique: l'acacia est dit myrmécophyte.

Les acacias peuvent former une communauté. Lorsque leurs feuilles sont attaquées par les koudous qui viennent les brouter, ces arbres émettent un message d'alerte qui rend leurs feuilles toxiques, ce message, sous forme gazeuse (léthylène), est porté par le vent.

Les constructeurs des cathédrales, inspirés par les symboles de la Shékhina, ont souvent sculpté sur les piliers la feuille de saule qui représente l'immortalité et la lumière divine. Dans les mystères antiques, cette feuille était le rameau d'or, qui devient l'acacia dans la Franc-Maçonnerie portant les significations d'innocence et de pureté. Cette présence de l'acacia rappelle les vertus du fondateur Hiram, censé immortaliser celui qui est pourvu de tous les mérites.

C'est avec ses branches qu'aurait été tressée la couronne d'épines du Christ. Le *Recueil Précieux de la Maçonnerie Adonhiramite*[7] explique que l'acacia est là en mémoire de la croix du Sauveur, elle-même faite de ce bois très commun en Galilée.

Dans les traditions de sacralisation de l'acacia, on le trouve comme rameau sur la tombe d'Hiram, couronne d'épines du Christ, croix du Christ, cercueil d'Osiris, Arche d'Alliance des Hébreux, arche de Noé, Tabernacle de Moïse. Avant

---

[7] De Louis Guillemain de Saint-Victor, 1787.

Irénée, l'ascia était un emblème importé par les pythagoriciens qu'ils, auraient reçu des Esséniens[8].

L'Acacia est l'analogue de l'aubépine, de la Croix égyptienne et chrétienne, de la lettre hébraïque *Vav*, qui veut dire «lien». C'est le symbole du lien qui unit le Visible à l'Invisible, cette vie à la suivante; c'est le gage de l'immortalité.

René Guénon fait remarquer que beaucoup de plantes symboliques sont des espèces épineuses comme la rose, le chardon, l'acanthe. Pour lui, les épines comme les pointes ou cornes évoquent l'idée d'une élévation et peuvent, dans certains cas, être prises pour figurer des rayons lumineux. À noter en ce sens qu'Al Uzza veut dire acacia, «épine d'Égypte» et que c'est un symbole solaire.

L'importance du symbole de l'acacia au 3ème degré a permis à William Hutchinson (1732-1814), membre de la *Royal Society of Antiquaries* de surnommer les francs-maçons les *Acacians*, **les Acaciens**.

On notera ainsi que sur un tableau allégorique de 1753 intitulé *Les mystères montrés ici sont ceux que seul un maçon peut connaître*, le Roi Salomon y dessine le théorème de Pythagore, il a le regard tourné vers deux personnages assis dans le ciel sur des nuages. L'un d'eux est sans conteste le temps Chronos qui tient dans sa main droite la faux de la mort avec un ouroboros et une branche d'acacia dans sa main gauche.

L'acacia maçonnique pourrait bien ne pas être un arbre tel que présenté ci-dessus. Il pourrait s'agir de la déformation d'ascia. On distingue deux *asciae*. L'une,

---

[8] *Nouvelles considérations sur l'ascia*: <tinyurl.com/comprendre-l-ascia>.

herminette opposée à un marteau, servait au travail du bois et de la pierre. L'autre, hoyau opposée à un râteau bifide, à remuer la terre. L'ascia funéraire, ne portant pas le râteau bifide, serait donc l'herminette à marteau. Elle aurait servi à tailler les stèles funéraires. Le verbe *deasciare* qualifie évidemment l'acte inverse d'*asciare* dont le sens second, symbolique, pourrait être «sceller une tombe sous l'ascia pour lui conférer un caractère inviolable». Le sens premier serait: **dédier la tombe** en aplanissant le bloc funéraire avec l'ascia. *Deasciare* serait alors: **détruire cette dédicace** en martelant la stèle. Donc le mot déformé **acacia serait un outil** doté d'une dimension symbolique, troqué dans le *Manuscrit Masonery Dissected* (1730) de Prichard par «cassia».

3 TUBALCAÏN, UN PERSONNAGE SULFUREUX?

Tubalcaïn, comme Hiram, n'est qu'un personnage secondaire dans le Texte biblique.
Il s'inscrit dans la lignée des caïnites et n'apparaît qu'avec sa fratrie, tant dans la bible où son nom n'apparaît qu'une fois, que dans les textes des *Old Charges*.

Alors quel est son intérêt en Franc-maçonnerie?

La racine du nom Tubalcaïn serait en hébreu thu, bal, caïn, celui qui souffle le feu, nom repris en latin par Vulcanus. Fondre le métal et le reformer correspond au *«solve et coagula»* de l'alchimie hermétique.
C'est Gérard de Nerval qui romance sa relation avec Adoniram, ce qui justifie, quoique utilisé comme mot de passe du 2ème degré dans les rites anglo-saxons, d'évoquer sa légende au 3ème degré.

I – Le personnage

D'après la Bible (Genèse IV, 22), Tubalcaïn façonna toute sorte d'instruments de cuivre et de fer. Il est présenté comme le fils de Lamek et de sa seconde épouse Çilla, il est donc le petit-fils de Caïn, né vers l'an 2975 av. J.-C.
Hénoc devint père d'Iràd; celui-ci engendra Mehouyaél, qui engendra Lamec. Lamec prit deux femmes, la première nommée Ada, et la seconde Cilla. Ada enfanta Jabal, souche

de ceux qui habitent sous des tentes et conduisent des troupeaux. Le nom de son frère était Jabal: celui-ci fut la souche de ceux qui manient la harpe et la lyre. Cilla, de son côté, enfanta Tubalcaïn, qui façonna toute sorte d'instruments de cuivre et de fer, et qui eut pour sœur Naama.

Le nom vient de l'union de celui de Tubal avec Caïn. Tubal (8 fois: Gn 10,2; Is 66,19; Éz 27,13; 32,26; 38,2.3; 39,1; 1 Ch 1,5) serait un peuple et/ou un pays d'Asie mineure (Peuples d'Asie mineure, probablement la Phrygie et la Cilicie, ou peuples des bords de la mer Noire.), toujours associé à Méshek. Méshek et Tubal sont deux des sept fils de Japhet selon Gn 10,2 // 1 Ch 1,5.
Quant au nom Caïn, il y a deux étymologies possibles. Le mot hébreu qayin peut signifier «forgeron» ou encore, à l'aide de la racine qnh «j'ai acquis» (cf. Gn 4,1).
.

On croit que c'est de Tubal-Caïn que les romains païens ont pris l'idée de leur Vulcain; la racine du nom Tubalcaïn serait en hébreu thu, bal, caïn, celui qui souffle le feu, nom repris en latin par Vulcanus. La désinence du nom et les travaux auxquels s'adonna Tubal-Caïn rendent cette conjecture assez probable. De même, il correspond à Héphaïstos, chez les Grecs: dieu grec du feu et de la forge; à Vulcain chez les Romains, à Tvashtri en Inde, à Ptah en Égypte, au Grand Yu en Chine, à Ogun chez les Youbas d'Afrique, à Brahmanaspati en Inde. C'est aussi Gobban Saer, le Janus des Celtes, qui figure l'union entre technique et art, Gobban le forgeron, et Saer, le constructeur, habile dans tous les Arts, que l'on peut identifier avec la figure d'Hiram.

Le feu de tous ces forgerons légendaires est un feu créateur, il éclaire et ne brûle pas. Il n'est pas dissociable de la

Lumière sans laquelle rien ne serait, car elle établit les formes du monde apparent.

C'est dans *l'Histoire de la reine du matin et de Soliman, prince des génies de Gérard de Nerval* au chapitre VII, *Le monde souterrain*[9] que l'on trouve la rencontre romanesque d'Hiram et de Tubalcaïn.

Le substrat de cette légende est, cependant, différent de la légende maçonnique: on y expose qu'Adoniram est en réalité descendant de Caïn par son père Hénoch; son ascendance prométhéenne lui est révélée ainsi que la malédiction qui pèse sur elle.

En résumé: Entraîné comme dans un rêve dans les profondeurs de la Terre, Hiram apprend de la bouche même de Tubal-Caïn l'essentiel de la tradition des Caïnites, ces forgerons maîtres du feu. Tubal-Caïn, au sein de la Terre, montre alors à Hiram la longue suite de ses pères: Hénoch, qui apprit aux hommes à se bâtir des édifices, à se grouper en société, à tailler la pierre; Hirad, qui jadis sut emprisonner les fontaines et conduire les eaux fécondes; Maviël, qui enseigna l'art de travailler le cèdre et tous les bois; Mathusaël, qui imagina les caractères de l'écriture; Jabel, qui dressa la première des tentes et apprit aux hommes à coudre la peau des chameaux; Jubal, qui le premier tendit les cordes du cinnor et de la harpe, et en sut tirer des sons harmonieux; enfin, Tubal-Caïn lui-même, qui enseigna aux hommes les arts de la paix et de la guerre, la science de réduire les métaux, de marteler l'airain, d'allumer les forges et de souffler les fourneaux. Caïn enseigne alors lui-même à Hiram comment, au cours des âges, les enfants issus de lui, fils des Élohim, travailleront sans cesse à l'amélioration du

---

[9] *Histoire de la reine du matin et de Soliman, prince des génies de Gérard de Nerval* au chapitre VII, *Le monde souterrain*, 1851: <tinyurl.com/le-monde-souterrain>.

sort des hommes pourchassés par un dieu injuste qui privilégia Abel.

II – Tubalcaïn et les *Old charges*

Dans la tradition maçonnique, la plus ancienne référence à Tubalcaïn remonte au *Manuscrit Cooke* aux environs de l'an 1400.

 On y apprend que les enfants de Lamech parmi lesquels Tubalcaïn auraient gravé sur 2 colonnes (alors que selon l'historien Josèphe, c'eut été Seth), l'une de marbre pour résister à l'eau, l'autre en brique pour résister au feu, l'ensemble de leurs connaissances scientifiques et artistiques afin qu'elles survivent au déluge, symbolisant ainsi la transmission de la Tradition.

Voilà ce que raconte le *Manuscrit Cooke*
«La descendance directe d'Adam, au cours du 7e âge adamique avant le déluge comprenait un homme appelé Lamech, lequel avait deux femmes, l'une nommée Ada et l'autre Sella. Par la première femme Ada il eut deux fils, l'un appelé Jabel (Yabal) et l'autre Jubal (Yubal).
L'aîné Jabel fut le premier à inventer la géométrie et la maçonnerie. Et il construisit des maisons et son nom se trouve dans la Bible: il est appelé le père de ceux qui habitent sous des tentes, c'est-à-dire des maisons d'habitation.
Il fut le maître maçon de Caïn et chef de tous ses travaux quand il construisit la cité de Hénoch, qui fut la première cité à être jamais construite. Et elle fut construite par Caïn fils d'Adam, et il la donna à son propre fils Hénoch et donna à la ville le nom de son fils et l'appela Hénoch, mais elle s'appelle maintenant Effraym.
C'est là que pour la première fois, la science de la géométrie et de la maçonnerie fut pratiquée et mise au point comme

science et art. Aussi pouvons-nous dire qu'elle fut la base et le fondement de toute science et technique. et cet homme Jabel fut aussi appelé Pater Pastorum.

Le Maître des Histoires ainsi que Bède, le De Imagine Mundi, le Polychronicon et bien d'autres disent qu'il fut le premier à partager le sol afin que tout homme pût savoir quel était son terrain personnel et y travailler comme à son propre bien. En outre, il partagea les troupeaux de moutons si bien que chacun sut quels étaient ses moutons, aussi pouvons-nous dire qu'il fut l'inventeur de cette science.

Et son frère Jubal ou Tubal, fut l'inventeur de la musique et du chant comme Pictagoras le dit d'après le Polychronicon, Isidore dit de même dans ses Étymologies au 6e livre: il y note qu'il fut l'inventeur de la musique, du chant, de l'orgue et de la trompe et qu'il inventa cette science en écoutant le rythme des marteaux de son frère, qui était Tubal-Caïn.

Tout comme la Bible, en son chapitre 4e de la Genèse, dit que Lamech eut de son autre femme, qui s'appelait Sella, un fils et une fille dont les noms furent Tubal-Caïn pour le fils et Naama pour la fille. Certains disent, suivant le Polychronicon, qu'elle fut la femme de Noé mais nous ne saurions l'affirmer.

Vous devez savoir que son fils Tubal-Caïn fut l'inventeur de l'art du forgeron et des autres arts des métaux, c'est-à-dire, du fer de l'acier, de l'or et de l'argent selon certains docteurs. Quant à sa soeur Naama elle inventa le tissage, car auparavant on ne tissait pas mais on filait et maillait les tissus et on se faisait les habits qu'on pouvait. Naama inventa l'art de tisser et c'est pourquoi on l'appela art de femme.

Or ces trois frères et soeur apprirent que Dieu voulait se venger du péché par le feu ou par l'eau et ils s'efforcèrent de sauver les sciences qu'ils avaient inventées. Ils réfléchirent, et se dirent qu'il existait deux sortes de pierre dont l'une résiste au feu &endash; cette pierre s'appelle marbre &endash; et l'autre flotte sur l'eau – et on l'appelle lacerus.

Ainsi imaginèrent-ils d'écrire toutes les sciences qu'ils avaient inventées sur ces deux pierres; au cas où Dieu se vengerait par le feu le marbre ne brûlerait pas et s'il choisissait l'eau, l'autre pierre ne coulerait pas.

Ils demandèrent à leur frère aîné Jabel de faire deux piliers de ces deux pierres à savoir de marbre et de lacerus et d'inscrire sur ces deux piliers toutes les sciences et techniques qu'ils avaient inventées. Il fit ainsi et acheva tout avant le Déluge.

S'ils savaient bien que Dieu allait envoyer sa vengeance, ils ignoraient par contre, si ce serait par le feu ou par l'eau. Par une sorte de prophétie ils savaient que Dieu allait envoyer l'un au l'autre. Ils écrivirent donc leurs sciences sur les deux piliers de pierre. Certains disent qu'ils gravèrent les sept sciences sur les pierres, sachant qu'allait venir un châtiment.

De fait Dieu envoya sa vengeance si bien que survint un tel déluge et que toute la terre fut noyée. Et tous les hommes sur terre périrent sauf huit: Noé et sa femme, ses trois fils et leurs femmes. De ces trois fils descend toute l'humanité. Ils avaient pour noms Sem, Cham et Japhet. Ce déluge fut appelé le Déluge de Noé car lui et ses enfants en échappèrent.

Et bien des années après ce déluge, on trouva les deux piliers et, suivant le Polychronicon, un grand clerc, du nom de Pictagoras trouva l'un et Hermès, le philosophe, trouva l'autre. Et ils se mirent à enseigner les sciences qu'ils y trouvèrent inscrites».

III – Tubalcaïn et la Franc-maçonnerie

À noter que dans les *Constitutions dite d'Anderson*, la gravure des colonnes est attribuée à Énoch[10]: «car, par quelques vestiges de l'Antiquité, nous savons que l'un d'eux, le pieux Énoch (qui ne mourut pas mais fut transporté vivant au Ciel), prophétisa la conflagration finale au Jour du Jugement (comme nous le dit SAINT-JUDE) et aussi le déluge général pour la punition du Monde. C'est pour cela qu'il éleva deux grands piliers (d'autres les attribuent à Seth), un de pierres et l'autre de briques sur lesquels étaient gravées les sciences libérales, etc. Et que le pilier de pierre subsista en Syrie jusqu'aux jours de l'Empereur Vespasien».

Son évocation dans les rituels

Au Rite écossais Rectifié, **c'était le mot de passe initial de l'apprenti**. À la demande de Jean-Baptiste Willermoz, qui aurait été inspiré par la comtesse Marie-Louise de Monspey, dite Églé de la Vallière (l'Agent inconnu), **chanoinesse** de Remiremont, un médium psychographe, ce mot fut remplacé en 1785 par Phaleg. Pour Willermoz, c'était une contradiction que donner à l'apprenti ce mot de ralliement après lui avoir fait quitter tous les métaux qui sont les emblèmes des vices. Il considérait que «le descendant de Caïn était aussi le père de toutes les abominations, un être indigne coupable des plus honteuses prévarications en voie charnelle, qu'il n'avait découvert la façon de forger le métal que par des opérations diaboliques et profanatrices, qu'il aurait pu arrêter le cours de ces maux, mais entraîné par sa

---

[10] *LA CONSTITUTION, L'Histoire, les Lois, Charges, Ordres, Règlements, et Usages, DE LA Très Vénérable FRATERNITÉ des Francs-Maçons Acceptés ; d'après leurs ARCHIVES générales, et leurs Fidèles TRADITIONS de nombreux Siècles, p.1:* <tinyurl.com/Constitution-Anderson>.

propre concupiscence, il évia les mauvais anges en femmes»[11]. Hé oui, c'est une religieuse qui a «moralisé» le mot de passe maçonnique du RER!

«Tubalcaïn fut donc rejeté des rituels au profit de Phaleg par le Directoire Provincial d'Auvergne pour les motifs suivants: «Tubalcaïn est le fils de Lamech, un bigame. Inventeur de l'art de travailler les métaux, il ne peut être attribué aux Apprentis qui viennent justement de les abandonner. Il est l'emblème des vices, notamment sexuels. Représentant une lignée antédiluvienne effacée par Dieu, il doit céder le pas à Phaleg, fondateur de la seule vraie initiation». Cette modification, intervenue le 5 mai 1785 par une décision de la Régence écossaise, fut mal acceptée par beaucoup de frères appartenant à ce Rite.

Au Rite Émulation, Tubalcaïn est le **mot de passage donnant accès du 2ème au 3ème grade**.

Au Rite York, Tubalcaïn est le **nom de la griffe** de passage de compagnon à maître, servant de mot de passe au 2ème degré, tel que cela apparaît dans l'échange entre le 1er surveillant et le 1er expert dans les instructions du degré: «-A-t-elle un nom? -Oui – Voulez-vous me le donner? – Ce n'est pas ainsi que je l'ai reçu et je ne le communiquerai jamais ainsi.- Comment en disposez-vous? – En l'épelant ou par syllabe. – Donnez-le par syllabe et commencez. – Commencez vous-même. – C'est à vous de commencer.». Le mot Tubalcaïn est donné par syllabe entre le premier expert et le Vénérable Maître Puis complètement par le 1er expert. Cette griffe est un en-deçà de la griffe véritable du maître.

Au REAA, c'est le **mot de passe du Maître**. «Ce mot est TULBAKAIN, que nous avons adopté en raison de

---

[11] Un mystique lyonnais et les secrets de la Franc-maçonnerie Jean-Baptiste Willermoz par Alice Joly: <tinyurl.com/Tubacain-et-Willermoz>.

l'intimité qui doit exister entre nous et le premier Vulcain dans l'univers. Nous appelons cela un mot de veille, car nous exigeons qu'il soit prononcé avant ce qui était jadis connu, à savoir JAKIN»[12].

IV – L'interprétation

Pour Irène Mainguy, parce que reprenant dans son nom les noms d'Abel et de Caïn, Tubalcaïn «réunit en lui les qualités complémentaires d'un antagonisme fratricide en réintégrant le point central de l'Unité Primordiale»[13].

Pour Hervé Tremblay, les généalogies des onze premiers chapitres de la Genèse entendent décrire les peuples (Gn 5) et justifier l'apparition des différents aspects de la vie humaine, comme les arts et les métiers. En Gn 4,20-22, les trois castes des éleveurs de bétail, des musiciens et des forgerons ambulants sont rattachées à trois ancêtres dont les noms font assonance et rappellent les métiers de leurs descendants: Yabal (ybl «conduire»); Yubal (yôbel «trompette»); Tubal (nom d'un peuple du nord, au pays des métaux). Tubal-Caïn serait «l'ancêtre de tous les forgerons en cuivre et en fer». Cela signifie que les généalogies ne sont pas très fiables historiquement et que les noms sont plutôt des créations visant à rendre compte du monde tel qu'il est. Tubalcaïn, le forgeron, travaille les métaux et s'inscrit spirituellement comme continuateur de la lignée caïnite. Le forgeron fait partie des bâtisseurs et apprend à être par le moyen de la création. Il a la connaissance des quatre

---

[12] Solomon in All His Glory or the Master-mason, traduction du Franc-maçon démasqué ou le vrai secret des Frans maçons de 1751: <tinyurl.com/Salomon-dans-toute-sa-gloire>.

[13] Fabien Bertand, *Regards croisés sur la Franc-maçonnerie*, à partir de la p. 169: <theses.fr/2009BOR21677>.

éléments: le métal est extrait de la terre, il est transfiguré par le feu, lui-même attisé par l'air puis trempé par l'eau afin de devenir l'instrument utile aux laboureurs ou aux guerriers. Il forge des épées, œuvre d'initié car elles sont parfois dotées d'un pouvoir magique, qui demande de connaître et maîtriser les forces contenues dans ces éléments. Le forgeron maîtrise le feu et grâce à lui transforme les métaux qui viennent des profondeurs de la terre. Son pouvoir est ambivalent, il peut être aussi maléfique que bénéfique car il forge des armes pour faire la guerre et comme Tubalcaïn qui, selon le témoignage de Philon et du livre apocryphe d'Énoch, cité par Tertullien, employa aussi dans ses travaux l'or, l'argent, etc., dont on fit ensuite des idoles pour les adorer.

La modification du mot de passe de Caïn en Phaleg revient plus philosophiquement à substituer la forge au bénéfice de la dispersion du Verbe. Ce point est loin d'être anecdotique dans une pratique maçonnique qui réintégrera les dimensions et les formes de ce même Verbe en le faisant chair dans l'esprit de l'Évangile de Saint Jean. Le choix est clair et le déterminisme délibérément chrétien qui disperse la forge de Caïn au bénéfice de la Parole perdue. Il n'est plus question d'une construction pluridisciplinaire, d'un architecte polytechnicien, mais bien de la pierre de faîte qui avait été rejetée[14].

Le travail de la forge signifie la constitution de l'être à partir du non-être. La forge est l'allégorie du cœur et les soufflets représentent les poumons.

Fondre le métal et le reformer correspond au *salve et coagula* de l'alchimie hermétique, travail créateur par excellence, car créer c'est recréer.

---

[14] <tinyurl.com/Phaleg-et-Willermoz>.

Sur un autre plan, selon Guy Barthélémy, la signification politique de la fable de Nerval est claire: ceux qui produisent les richesses de la terre, mais qui aussi ont permis aux hommes de sortir de leur animalité, car parmi ces bannis, il y a celui qui a inventé la ville, celui qui a inventé le tissage, celui qui a conçu le premier instrument de musique qui sont injustement opprimés par ce Dieu qui veut maintenir abusivement les hommes dans un état d'ignorance et par ceux qui lui servent de relais: les rois, ces ministres despotiques d'Adonaï. Le savoir et la liberté ne peuvent donc s'épanouir que dans un combat socialiste qui s'infléchit vers la mise en cause du Dieu unique.

Lumières vers la Chambre du milieu

4 LES LÉGENDES DE NOÉ

Noé, un ange sauveur de la chair en quelque sorte!

Le Livre d'Hénoch rapporte que la femme de Lamek mit au monde un enfant «plus blanc que la neige, plus rouge que la rose; ses cheveux sont plus blancs que la laine, et ses yeux jettent des rayons comme le soleil;: quand il les ouvre, il remplit la maison de lumière. Et aussitôt après qu'il est sorti des mains de la sage-femme, il a ouvert la bouche et a béni le Seigneur». Lamek fut terrifié du prodige et alla voir son père Métoushèlah pour lui dire qu'il avait engendré un enfant différent de tous les autres, lequel consulta Hénoch. Hénoch expliqua qu'à cause de la malignité du monde, un déluge devait s'abattre, mais que Noé et ses enfants seraient épargnés[15].

Noé (Noa'h) aurait vécu 950 ans, ayant eu trois fils: Sem, Cham et Japhet. Son histoire est contée dans la Bible (Genèse 6 à 9). Noa'h se présente comme un miroir du Béréchit. Avec le déluge, Dieu détruit le monde qu'il a créé et la construction d'une nouvelle humanité est désormais entre les mains de Noé et de ses enfants. Une deuxième création qui implique une nouvelle structuration de la famille avec ses conflits, ses impasses et ses bénédictions[16].

---

[15] Chapitre 105: <tinyurl.com/Livre-d-Enoch>.

[16] Rony Klein, Akadem: <tinyurl.com/un-deuxieme-commencement>.

Comme les héros sumériens qui avaient pour nom Ziusudra (Vie prolongée), Atrahasis (Très sage) ou Utnapistim (celui qui a trouvé la vie), avant le déluge, Noé rassembla ce qui était épars dans l'arche (téva, תבה), caisse flottante pour sauver le vivant de la création du déluge annoncé. Il aurait peut-être aussi emporté des connaissances écrites ou symboliques assurant la transmission essentielle d'un savoir autant spirituel, culturel que technique et scientifique, un résumé des principales connaissances de son époque.

L'ordalie de l'eau.

Il y a danger de mort dans l'épreuve, et c'est un danger pour le reste de l'humanité et le reste de la création, mais dont les habitants de l'arche vont triompher. L'épreuve est surmontée en raison de la bonne foi de Noé, homme juste qui marchait avec Dieu (qui suit sa loi). L'épisode du déluge permet de passer du Premier âge du monde au Second, ce qui représente à la fois une nouvelle naissance pour l'humanité et la création, et une nouvelle alliance entre Dieu et l'homme.

Il est à remarquer que les bâtisseurs d'empire naissent dans une corbeille flottant sur les eaux (Osiris dans un coffre-panier sur le Nil, Sargon fondateur de l'empire d'Akkad sur l'Euphrate, Moïse sur la mer des roseaux, Romulus et Rémus sur le Tibre). Le sarcophage est en même temps une corbeille pleine de vie comme l'arche de Noé.

Le jésuite Philippe Labbé, vers la fin du XVIIe siècle[17] retient le déluge de Noé comme charnière entre la 1ère et 2ème

---

[17] Abrégé chronologique de l'histoire sacrée et profane avec les observations nécessaires à l'étude de la Chronologie, Paris, 1666: <tinyurl.com/Abrege-Histoire>.

époque de l'Histoire du monde comme l'avait fait avant lui St Augustin en 426 dans *La cité de Dieu* (Le livre XV porte sur le «premier âge» de l'humanité jusqu'à Noé, le livre XVI porte sur l'«enfance», qui correspond aux épisodes bibliques allant de Noé à Abraham).

D'autres légendes rapportent des histoires de déluge[18].

Une légende est présente **chez les Grecs**. Empli de colère par la perversité humaine, Zeus choisit le déluge pour laver la surface de la terre. Poséidon appelle les fleuves à submerger les villes et celui qui n'est pas englouti meurt de faim. Seul le Mont Parnasse s'élève au-dessus de l'eau. Deucalion, fils de Prométhée, et Pyrrha, sa femme, se sont réfugiés dans un petit bateau. Lorsque Zeus voit que ces rescapés sont honnêtes et pieux, il disperse les nuages. Les eaux refluent et la mer revient à ses anciens rivages. Arrivé au Mont Parnasse, Deucalion et Pyrrha remercient les dieux, et ne voient autour d'eux qu'un désert. Implorant Zeus de les aider à rendre la vie à la terre, ils reçoivent le conseil de voiler leurs têtes et de jeter derrière eux les ossements de leur grand-mère. Deucalion comprend que cette grand-mère est la Terre. Aidé de Pyrrha, il ramasse des pierres qu'il jette par-dessus son épaule. Les pierres que jette Deucalion se transforment en hommes. Celles que jette Pyrrha se transforment en femmes.

Un mythe similaire est connu **en Inde** qui fut jadis partiellement sous influence culturelle grecque. Le mythe du Déluge apparaît pour la première fois dans le Satapatha Brahmana, un rituel probablement daté du VIIe siècle avant notre ère. Ici, c'est un poisson doué de parole qui avertit

---

[18] *Les mythes de l'arche de Noé*: <tinyurl.com/mythes-arche-de-Noe>.

Manu de l'imminence du Déluge. Il lui conseille fermement de construire un bateau. Lorsque la catastrophe éclate, c'est ce poisson qui tire le bateau vers le nord et l'arrête près d'une montagne. Manu y attend patiemment le reflux des eaux. Puis il offre un sacrifice et obtient des dieux une fille. Il s'unit à elle, engendrant tout le genre humain. Dans le Mahabharata, Manu est un ascète. Dans le Bhagavata Purana, c'est le roi-ascète Satyavrata qui est averti de l'approche du Déluge par Hari (Vishnu) qui a pris la forme d'un poisson. Mais, dans le mythe hindou, rien ne semble relier le déluge avec un ressentiment quelconque des Dieux vis à vis des hommes.

L'épisode de l'ivresse et de la nudité de Noé (Genèse, 9, 18 à 27) donna lieu à de nombreux commentaires dont ceux de l'idée d'une castration du patriarche par Cham (ou son fils) à l'instar de l'Osiris égyptien, du dieu hittite Anu ou du grec Cronos[19]. Il est donc étonnant que les eunuques furent interdits en Franc-Maçonnerie[20].

En hébreu yayin (יין), "du vin" a pour valeur 70 comme le mot sod (סוד), le secret. Avec l'ivresse de Noé, ne faut-il pas comprendre que c'est un secret qui est hypostasié? L'ivresse doit alors être interprétée comme une extase mystique, une connaissance d'un rang supérieur qu'il convient de voiler ou de protéger dans une arche (téba). Dans cette seconde interprétation, la nudité de Noé n'est pas son sexe, mais le symbole d'une révélation qui en fait un véritable initié. Japhet qui se détourne refuserait-il d'approcher les mystères, étant peut-être trop jeune[21].

---

[19] Robert Graves et Raphaël Patai, *Les Mythes hébreux*, Fayard, 1963, p.129 à 134.

[20] Hartmann Schedel, *Liber chronicarum*, 1490, p.100: <tinyurl.com/Liber-chronicarum>.

[21] *La Bible de Furtmeyr*, p.15: <tinyurl.com/bible-de-Furtmeyr>.

En 1936 fut découvert le *Manuscrit de Graham* datant de 1726 qui serait la copie d'un document plus ancien rapportant cette légende de Noé qui ne figure pas dans la Bible. Sem, Cham, et Japhet s'approchèrent de la tombe de leur père Noé, espérant découvrir le secret sauvé des eaux qu'aurait détenu celui-ci. Ils se mirent d'accord pour adopter comme secret, s'ils ne trouvaient le véritable secrett, la première chose qui tomberait sous leur regard. Ils ne trouvèrent qu'un cadavre en cours de décomposition, ils tirèrent un doigt qui se détacha de lui-même, puis le poignet, puis le coude;: ils relevèrent le corps mort et le soutinrent en plaçant pied contre-pied, genou contre genou, poitrine contre poitrine et joue contre joue. Puis ne sachant que faire, ils reposèrent le cadavre et l'un dit «il y a de la moelle dans cet os», le second dit «l'os est desséché», le troisième dit «ça pue». Ils prononcèrent le nom considéré aujourd'hui comme mot de substitution. La traduction de *marrow in the bone,* «la moelle dans l'os» serait l'une des origines du mot substitué et peut s'expliquer symboliquement par «la sève qui est dans l'arbre», la lumière est intérieure et elle transcende la forme apparente de la mort.

Une des raisons qui a fait abandonner Noé au profit d'Hiram, pourtant presque inconnu dans la Bible, est sans doute que l'acte héroïque d'Hiram, qui préfère la mort plutôt que de dévoiler les secrets, est plus prestigieux, ou tout du moins plus efficace, que le cas de Noé qui, lui, est mort de vieillesse.

5 LES LÉGENDES D'HIRAM

Les origines des légendes

Les légendes de la pierre sont nombreuses. Il faut verser du sang (animal ou humain) pour assurer la construction de l'édifice. John S.M. Ward dans son ouvrage *Who was Hiram Abiff?* soutient que toute cette légende est simplement une adaptation du mythe de Tammouz; qu'Hiram faisait partie d'un groupe de prêtres-rois et qu'il fut tué par les autres, en sacrifice volontaire, lors de sa consécration du temple, afin de porter bonheur à l'édifice.

Leadbeater retient également de cet ouvrage de Waed qu'Hiram Abiff serait identifié avec Abibaal, père d'Hiram, roi de Tyr, et donne même à entendre qu'Hiram n'était pas du tout un nom personnel, mais un litre des rois de Tyr, comme Pharaon était le titre des rois d'Égypte.

Une tradition rabbinique rapporte que Salomon aurait ordonné le massacre de tous ceux qui avaient aidé à la construction du Temple de peur qu'ils ne construisent ensuite des temples aux faux dieux».

Ragon raconte dans *Orthodoxie maçonnique* les origines de l'usage de la légende d'Hiram en Franc-maçonnerie calquée sur les Anciens Mystères[22]. Ce texte de 1853 est repris par Papus, dans la *Revue l'Initiation* n°1 de 1957[23]. En voici un extrait:

«En 1646, une société de Rose-Croix, formée d'après les idées de *La nouvelle Atlantis* de Bacon, s'assemble dans la salle de réunion des *free-masons* à Londres. Elias Ashmole et les autres frères de la Rose-Croix, ayant reconnu que le nombre des ouvriers de métier était surpassé par celui des ouvriers de l'intelligence, pensèrent que le moment était venu de renoncer aux formules de réception de ces ouvriers, qui ne consistaient qu'en quelques cérémonies à peu près semblables à celles usitées parmi tous les gens de métier, lesquelles avaient, jusque-là, servi d'abri aux initiés pour s'adjoindre des adeptes. Ils leur substituèrent, au moyen des traditions orales dont ils se servaient pour les aspirants aux sciences occultes, un mode écrit d'initiation calquée sur les anciens mystères et sur ceux d'Égypte et de Grèce. Le premier grade initiatique fut écrit tel à peu près que nous le connaissons. Ce premier degré ayant reçu l'approbation des initiés, le grade de compagnon fut rédigé en 1648 et celui de maître peu de temps après. Mais, la décapitation de Charles Ier en 1649 et le parti que prit Ashmole en faveur des Stuart apportèrent de grandes modifications à ce troisième et dernier grade devenu biblique».

Robert Vallery-Radot, dans un article de la revue *Les documents maçonniques* d'octobre 1942, retient la supposition du frère Lantoine attribuant son origine aux Rose-croix: la légende d'Hiram «pourrait être des maçons stuartistes qui l'auraient inventée, cachant sous ce symbole leur douleur et leur espoir de vengeance. Ils auraient pleuré sous ce mythe leur souverain décapité par Cromwell. Ils se seraient appelés

---

[22] J. M. Ragon *Orthodoxie Maconnique 1853*: <tinyurl.com/historique-grades>.

[23] Revue L'Initiation, p.3: < tinyurl.com/Initiation-1957-1 >.

fils de la veuve, c'est-à-dire d'Henriette de France, veuve de Charles Stuart. La parole perdue qu'ils auraient recherchée aurait été le fils du roi défunt».

Pour Pierre Noël, «des antécédents du drame hiramique doivent être cherchés dans les *Mystery plays*, ces scénettes d'inspiration biblique jouées au moyen-âge dans les églises d'abord, sur les parvis ensuite, avant de l'être en différents lieux de la ville. Elles étaient généralement jouées par cycles. On en a gardé plusieurs qui étaient joués à York, Wakefield, Norwich ou Londres. Réservées aux grands moments de l'année liturgique, ces représentations étaient souvent confiées aux corps de métier, guildes ou corporations, qui les finançaient et en assuraient la réalisation. De là vient leur nom mystery ou *mystère*, du latin *misterium* (signifiant occupation) ou *ministerium* (métier ou *craft* en anglais). Elles avaient pour objet des passages bibliques comme la Création, la faute d'Adam et Eve, le meurtre d'Abel, la construction de l'arche de Noé, le déluge, la visite des rois mages, le massacre des innocents, le jugement dernier. C'est à dire que des thèmes proches de la légende d'Hiram (la mort, la violence, le temple de Jérusalem …) étaient présents dans ces drames médiévaux, associés de près ou de loin aux métiers»[24].

Pour mémoire, dans le *Manuscrit Graham* de 1726, trois légendes y sont narrées, la troisième concerne Hiram achevant le Temple mais ne mourant pas de mort violente. Ce n'est qu'en 1730, sur fond d'opposition religieuse, que la Grande Loge d'Angleterre, en majorité anglicane, remplace le corps de Noé mort par le cadavre d'un meurtre, Hiram. Ainsi, par idéologie anglicane, la légende d'Hiram occulta

---

[24] Pierre Noël, *Réflexions anodines sur le grade de Maître*: <tinyurl.com/le-grade-de-maitre>.

l'interprétation calviniste, allant même jusqu'à identifier les calvinistes aux assassins du maître bâtisseur.

La légende, qui deviendra le mythe fondateur de la Franc-maçonnerie spéculative et l'origine probable du 3ᵉ degré, n'est ainsi décrite pour la première fois qu'en 1730, dans *Masonry Dissected* de Prichard, texte entremêlant le récit de la légende avec des indications de pratiques rituelles. L'importance de la divulgation de Prichard n'est pas seulement de révéler pour la première fois un système en trois grades, culminant avec le grade de maître, *The Master's Part*, son originalité profonde était de proposer la première version connue et cohérente de la légende qui, désormais, constitue le cœur du grade de maître.

Une hypothèse de l'objectif de cette légende, formulée par Henrik Bogdan dans le texte *L'influence cabalistique sur l'élaboration du grade de Maitre en Franc-maçonnerie*: «il semble évident que, dans sa forme originale, elle était un mythe d'initiation, contrairement aux versions plus récentes dans lesquelles la légende adopte la fonction d'un récit moraliste. Le rapport à la tradition cabalistique se manifeste plus visiblement lorsque l'aspect initiatique de la légende est mis en avant. Au cœur de la cabale juive réside le but fondamental de l'expérience individuelle de Dieu ou *unio mystica*. C'est ce but fondamental qui relie les deux traditions de manière *fonctionnelle*. Ces deux traditions mènent à une identification directe à Dieu ou une expérience de Dieu»[25].

La légende d'Hiram en elle-même s'arrête ici pour les loges bleues des rites continentaux, mais elle connaît des prolongements dans le degré de maître chez les anglo-saxons ainsi que dans certains Hauts Grades maçonniques

---

[25] Henrik Bogdan, L'influence cabalistique sur l'élaboration du grade de Maitre en Franc-maçonnerie, p.48 : <academia.edu/1601260/>.

qui relatent, notamment, la manière dont les coupables seront punis et la poursuite du chantier du Temple de Salomon.

Agricol Perdiguier, compagnon menuisier, à propos du Devoir pratiqué par les Enfants de Salomon écrit en 1839: «On fait courir sur eux une vieille fable où il est question d'Hiram selon les uns, ou d'Adoniram selon les autres ; on y voit des crimes et des châtiments, mais je laisse cette fable pour ce qu'elle vaut».

On consultera les textes traitant de la légende d'Hiram (par ordre chronologique) sur le site le mieux documenté[26].

Diverses hypothèses, circonstances ou concepts ont été évoqués à partir de cette légende: la mort réelle d'Hiram Abif ; le mythe d'Osiris ; une allégorie du soleil couchant ; l'expulsion d'Adam du paradis ; la mort d'Abel ; l'entrée de Noé dans l'Arche ; le parcours annuel du soleil ponctué par les équinoxes et solstices (les trois meurtriers seraient alors les trois mois de l'année où le soleil décline) ; la mort et la résurrection du Mithra des Perses, du Bacchus des Grecs et de l'Atys des Phrygiens, dont ces peuples célébraient la passion ; la mort et la résurrection du Christ, les trois assassins de maître Hiram n'étant autres que le grand prêtre juif Caïphe, le roi de Galilée Hérode, et le gouverneur romain de Judée Ponce-Pilate ; la persécution des Templiers et la mort de Jacques de Molay ; la mort de Charles Ier Stuart ; une allégorie inventée par Cromwell à l'encontre des Stuart ; le meurtre de l'archevêque de Canterbury Thomas Becket ; une invention des Jacobites pour aider la maison des Stuart ; une représentation de l'Âge d'Or ; le drame de la génération-régénération ; la résurrection comme dogme général ; la descente d'Énée aux Enfers ; la révolte de Korè,

---

[26] Le site documenté sur Hiram: <tinyurl.com/documents-Hiram>.

Dathan et Abiram contre Moïse ; Adoram, le préposé aux impôts du roi Roboam ; la légende de Christian Rosenkreutz ; les rites d'initiation chamaniques (notamment en Sibérie et en Australie) ; l'Œuvre au Noir dans le processus alchimique de préparation de la pierre philosophale (selon René Guénon, Hiram est la transposition symbolique de la *Materia Prima* des alchimistes) ; l'équivalence entre Hermès (Trismégiste) et Hiram. Hutchinson, le premier écrivain philosophique sur la Franc-maçonnerie en Angleterre, suppose qu'elle a été destinée à incarner l'idée de la décadence de la religion juive et de la substitution du christianisme à sa place et sur ses ruines.

Ragon fait d'Hiram un symbole du soleil débarrassé de ses rayons vivifiants et de sa puissance fructifiante pendant les trois mois d'hiver, et de sa restauration à la chaleur générative par la saison du printemps[27].

L'hypothèse du docteur Pierre-Gérard Vassal serait que ce fut Salomon lui-même qui aurait consigné l'histoire des trois chefs qui furent mis à mort pour leur conspiration contre son père: David, Absalon, Achitophel et Adonija. L'analyse qu'il fait de cette légende est à retrouver dans son *Cours complet de Maçonnerie ou Histoire générale de l'Initiation: depuis son origine jusqu'à son institution en France*[28].

Il est certain que, pour tous les Maçons d'autrefois, et encore aujourd'hui pour la grande majorité des Maçons dans la Maçonnerie régulière, le mythe d'Hiram représente, sinon l'idée judéo-chrétienne de la résurrection du corps, du moins la doctrine spiritualiste de la survivance de la personne.

---

[27] Albert G. Mackey, *The Symbolism of Freemasonry*, chap. XXVII, *La légende du troisième degré* : <tinyurl.com/legende-Hiram>.

[28] Pierre-Gérard Vassal, *Cours complet de Maçonnerie ...*, à partir de la p.213 : <tinyurl.com/les-conspirateurs>.

Dans tous les cas, on peut comprendre cette légende à travers deux récits différents, celui du «martyre d'un héros» d'une part, et celui du «saint fondateur» d'autre part dans une visée hagiographique [dans une intention édifiante], comme le dit Philippe Langlet.

Les noms du personnage

Hiram

Le mot Hiram, en hébreu, est constitué de trois lettres: *Heth, Resch, Mem*. Il s'appelle principalement Hiram, mais dans 1 Rois 7:40 il est appelé ח י ר ו ם (Hirom) et dans 2 Chroniques 4 il est connu comme חורם (Houram). 2 Chroniques 4:16 parle même de Houram-abi.

Les lames du Tarot qui correspondent à ces lettres sont: *Heth* La Justice, *Resch* Le Jugement, *Mem* La Mort (la camarde). *HiRaM* peut, aussi, être lu dans cette langue comme *HaReM* qui désigne la chose cachée, le lieu obscur ou comme *Ir'HaM* signifiant «la vie élevée» ou «d'élévation après la mort».

Pour les Rose-croix, Hiram serait censé être une abréviation pour «*Homo Jesus Rédemptor Animarum*».

Hiram, personnage mythique, incarne pour la Franc-maçonnerie un syncrétisme de ces êtres qui doivent mourir pour ressusciter, pour fonder un courant de Tradition. Le personnage d'Hiram peut se prêter à des interprétations symboliques suffisamment larges pour que tous les francs-maçons y communient avec leurs prédécesseurs des temps et des cultes les plus divers.
Le maître Hiram, cet ouvrier sublime, doué d'intelligence et d'un rare savoir, surnommé Hiram Abif, selon les

interprètes, signifierait «envoyé de Dieu». Cet homme, révéré par Hiram, Roi de Tyr, estimé, chéri, honoré par Salomon fut le conducteur en chef de la construction du premier Temple de Jérusalem, il coordonna les classes d'ouvriers selon la Franc-maçonnerie.

La tribu de Nephtali dont il est originaire est celle des forgerons (1Rois;7,14) dont on sait qu'ils sont, de toutes traditions, ceux qui créent le monde par leur maîtrise des entrailles de la terre. L'homme Hiram, fils d'une veuve, est présenté comme le dernier forgeron descendant hypothétique de Tubalcaïn qui en était le premier. À ce titre, il serait le dernier porteur des secrets de la création, le dernier des descendants du frère de Noé. C'est pourquoi le Roi homonyme l'envoya à Salomon afin de construire le Temple de l'Éternel (2Chroniques;2,12) car il est bien évident que les descendants du créateur de l'Arche, porteur de la première alliance, ne peuvent pas être étrangers à la construction de la demeure de pierre qui accueillera Dieu.
L'histoire de sa mort et de son assassinat par trois compagnons est une fiction que favorise à cet égard le silence des Écritures.

Chaque circonstance du funeste événement, que les maçons commémorent dans leurs travaux, fait connaître les vertus devant être pratiquées. Sa sortie glorieuse du tombeau, que l'on retrace, en fait connaître la récompense. Hiram, allant assidûment au Temple pour y faire sa prière, après la retraite des ouvriers, enseigne aux maçons qu'en cette qualité ils doivent encore plus que les autres un pur hommage à l'Être Suprême. Hiram, assassiné par trois Compagnons qui veulent lui arracher le Mot de Maître pour en usurper la paie, fait connaître le danger des passions violentes qui peuvent porter aux plus grands désordres si on ne les réprime pas, l'injustice de ceux qui, sans prendre la peine de faire sur eux-mêmes le travail nécessaire, voudraient arracher aux autres leurs découvertes et s'en approprier les fruits. Hiram est le symbole de l'homme de grande valeur qui, malgré les tentations et les persécutions, remporte la victoire sur ses faiblesses et ses passions, se rapprochant de la perfection humaine. Il est aussi le symbole de l'homme fidèle au devoir, même si le devoir est inflexible comme la fatalité, exigeant comme la nécessité et impératif comme la destinée. Il est, surtout, symbole du franc-maçon qui préfère mourir plutôt que de faillir à la tâche pour laquelle il est assermenté.

«Si l'histoire rapporte de bonnes actions à propos de gens de bien, l'auditeur ému est incité à imiter le bien; et si elle évoque de mauvaises actions au sujet d'hommes mauvais, néanmoins, l'auditeur ou le lecteur pieux et craignant Dieu, en évitant ce qui est criminel et vicieux, brûle de rechercher pour sa part plus adroitement encore ce qu'il a appris être bien et digne de Dieu»[29].

Hiram, dégagé de son linceul funéraire et sortant glorieusement de son tombeau, est appelé à une nouvelle vie, entouré des vertus qu'il a constamment pratiquées et qui lui assurent l'immortalité à laquelle doivent aussi aspirer tous ceux de ses avatars qui sauront l'imiter.
«Hiram est, sous le rapport astronomique, l'emblème du soleil, le symbole de sa marche apparente. Sous cette légende allégorique, se cache l'expression de la grande et profonde loi de la palingénésie qui exige la mort violente de l'initiateur comme complément de l'initiation.
Hiram, le même qu'Osiris, que Mithra, que Bacchus, que Balder, que tous les dieux célébrés dans les mystères anciens, est une des mille personnifications du soleil. Hiram

---

[29] Saint Bède, *Le Vénérable* p. 159: <tinyurl.com/objectif-moral>.

signifie en hébreu: vie élevée; ce qui désigne bien la position du soleil par rapport à la terre. Selon l'historien Josèphe, Hiram était fils d'un Tyrien nommé Ur, c'est-à-dire feu.
On l'appelle aussi Hiram-Abi, Hiram père, comme les Latins disaient: *Jovis pater*, Jupin père; *liber pater*, Bacchus père. Mais alors il existe, entre Hiram et Hiram-Abi, la même différence que chez les Égyptiens, par exemple, entre Horus et Osiris. Celui-ci est le soleil qui s'éteint au solstice d'hiver; celui-là, le soleil qui renaît à la même époque»[30].

Par une autre interpétation christique, celle d'Edouard de Ribaucourt, Hiram serait l'anagramme de «*Homo Iesus Rex Altissimus Mundi*».

Hiram vivant, respecté, chéri et dirigeant la grande construction par ses talents et ses lumières, représente l'Ordre dans son état primitif, lorsqu'il n'était encore connu que par ses bienfaits et par la juste admiration qu'il inspirait. Sa mort tragique indique l'état de l'Ordre, succombant par la mauvaise conduite de ses membres désignés par trois compagnons sous les traits de l'envie, de la cupidité et de la calomnie.

On ne peut rejeter l'hypothèse que Hiram évoquerait Sir Christopher Wren, l'architcte, le *Master of Work,* qui reconstruisit Saint-Paul (appelé aussi Le temple) après l'incendie de Londres et où il est enterré[31].

La plus curieuse supposition sur l'identité d'Hiram a été faite par la misandre Céline Renooz dans son livre *L'ère de la*

---

[30] F.T. Bègue-Clavel, *Histoire pittoresque de la Franc-maçonnerie,* p.83: <tinyurl.com/Hiram-soleil>.
[31] Marc Iabouret, *Christopher Wren, modèle d'Hiram?*: <tinyurl.com/histoire-Wren >

vérité paru en 1925[32], affirmant qu'en fait une femme, la fille du roi de Tyr, était cachée sous le nom d'Hiram. S'appuyant sur le texte hébreu de la Bible marqué par la féminisation des adjectifs qui qualifient le roi David, Renooz considère tout aussi curieusement qu'en vérité ce roi fut une reine, du nom de Daud, qui créa la ville de Jérusalem et entreprit d'y faire construire le Temple. «La reine Daud ne fut pas seule à fonder l'Institution secrète qui devait se propager jusqu'à travers la Franc-maçonnerie. Elle eut deux collaboratrices, deux Reines-Mages (ou Magiciennes), avec qui fut formé le triptyque sacré que les trois points de l'Ordre ont représenté depuis. L'une est Balkis, reine d'Éthiopie (appelée la reine de Saba), l'autre est une reine de Tyr, que l'on a cachée derrière le nom d'Hiram. Cette reine de Tyr étant Élissar ou Didon.» Pour Renooz, la légende d'Hiram et les anciennes traditions laissent entrevoir ce que fut le rôle de Salomon: c'est lui qui attaqua et renversa la puissance féminine et instaura la royauté masculine sur les ruines de la gynécocratie.

D'un point de vue alchimique Hiram est celui qui lit les Plans divins et les met en Œuvre, il est celui qui détient de Salomon la Parole organisatrice du chantier et donne le sel qui permet au souffre des compagnons de s'associer au mercure des Maîtres. Il est l'alchimiste de la construction du Temple-athanor dont la finalité recroise la Pierre philosophale[33].

La Bible fait mention de deux Adoniram וַאֲדֹנִירָם. L'un qui participa aussi aux travaux du Temple en tant que surveillant des coupeurs de bois du Liban (I Rois 5, 28) et un autre

---

[32] Céline Renooz, *Histoire de la pensée humaine, évolution morale de l'humanité à travers les âges et chez tous les peuples*: <tinyurl.com/Hiram-femme>.

[33] Ecossais de saint Jean, *Légende d'Hiram - Anamorphose du Maître*: <tinyurl.com/Hiram-alchimique>.

Adoniram וַאֲדֹנִירָם en I Rois, 4,6 (que l'on retrouve en Il Chroniques 10, 18 sous le nom de Adhoram הֲדֹרָם), fils d'Abda, qui fut assassiné sous le règne de Roboam, fils de Salomon, alors qu'il collectait des impôts. Son nom est également écrit Adoram, Hadoram.

En 1480, on découvrit à Sagonte un corps d'une grandeur prodigieuse. Il y avait sur la pierre qui le couvrait, l'inscription suivante, dont la traduction nous est donnée par Billerus Villalpondus qui la regarde comme authentique: HIC EST TUMULUS ADONIRAM SERVI REGIS SALOMONIS QUI VENIT EXIGERET TRIBUTUM MORTUUS EST DIE[34].
On trouve dans la Bible un autre Hiram (עִירָם), un des chefs d'Édom (Gen, 36:43). Également, deux Yhoram souvent évoqués dans la Bible: (Joram, יְהוֹרָם), notamment, l'un fils de Josaphat, roi de Juda en 2 Chr, 21 ; l'autre fils d'Achab, roi d'Israêl en 2Rois, 3.

Hiram Abif

Dans les Old Charges de la Maçonnerie opérative anglaise, l'Hiram Abif de la légende maçonnique est cité à plusieurs reprises comme étant le fils du roi Hiram de Tyr, sous des noms divers: Adoniram, Haram, Aynone, Aman, Aymon, Hymon, Anon ou encore Adon. Les chercheurs se sont essayés à combler l'énigme de la personnalité et de l'œuvre de l'architecte du Temple surnommé Hiram Abif.

L'historien Roger Dachez apporte le fruit de ses recherches méthodiques pour évoquer les origines controversées du

---

[34] *Manuel maçonnique ou Tuileur de tous les rites maçonniques pratiqués en France,…, 1830, par un vétéran de la Maçonnerie,* supposé être Claude-André Vuillaume, note 3, p. 60: <tinyurl.com/inscription-Adoniram>.

nom donné au grand maître bâtisseur du Temple. Le choix du terme Hiram Abif pour désigner, dans les textes maçonniques, l'architecte du Temple de Salomon, ouvre sur un questionnement. L'expression Hiram Abi ou Abiv se trouve en effet en deux endroits seulement de la Bible: en premier lieu dans 2Chroniques 2,12 où l'on peut lire Houram Abi (אֲבִי חוּרָם); «Je t'envoie donc un homme habile, plein de savoir, Houram Abi». En second lieu dans 2Chr;4,16, où l'on a Houram Abiv (אָבִיו חוּרָם) «Tous ces ustensiles que le roi Salomon fit faire à Houram Abiv pour la maison de l'Éternel étaient d'airain poli».

À partir de ces simples données, se posent des questions: La racine ab signifie père, abi comporte un déterminatif qui veut dire mon père; quant à abiv, il signifie son père. Par conséquent, d'un point de vue purement philologique, ces termes signifient: Houram mon père (Houram abi), Houram son père (Houram abiv), deux expressions assez énigmatiques. On doit cependant retenir qu'une signification plus large de père, en hébreu, peut indiquer la notion de maître, instructeur, chef ou conseiller, et traduit comme tel dans la Bible hébreu/français de Méchon.

On trouve dans la Bible un autre Houram (חוּרָם) descendant de Benjamin par sa fille Bella, I Chr.,8,5).

Dans I Rois 7,13 qui est le troisième lieu biblique où l'on parle de notre Hiram, l'artisan, non le Roi, il faut remarquer que c'est bien Hiram, et non Houram, que ce n'est absolument pas Hiram-Abi ou Hiram Abif, mais simplement Hiram (חִירָם), lequel vient de Tyr, le texte précisant qu'il est le fils d'un Tyrien et d'une veuve de la tribu de Nephtali (Cette écriture, qui peut se traduire par Hiram, est réservée, dans tous les autres versets de la Bible, où elle apparaît, à Hiram roi de Tyr). C'est, en outre dans ce livre, exclusivement un bronzier, qui fondra les colonnes, la mer d'airain du Temple, mais nullement un architecte ni un tailleur de pierre.

Les deux remarques qui précèdent suggèrent que l'on décrit, apparemment, deux personnages sensiblement différents, d'autant que les compétences d'Houram abi, dans 2Chroniques;2,13, sont beaucoup plus étendues. C'était un homme doué pour toutes sortes de travaux, sachant en effet travailler «d'or, l'argent, le bronze, le fer, la pierre, le bois, l'écarlate, la pourpre, graver n'importe quoi et tout inventer». Cet Houram-là est un personnage très semblable à celui de Betsaléel. Le Texte biblique rapproche l'art d'Houram de celui de Betsaléel (dont la légende est évoquée dans le *Manuscrit Graham*): C'est grâce à 3 vertus que le premier temple fut construit par Betsaléel car il est écrit en Exode 31,3: «Je [dieu] l'ai rempli de l'esprit d'Élohim en sagesse, en intelligence et en savoir», וּבְדַעַת וּבִתְבוּנָה בְּחָכְמָה, vertus que l'on retrouve en Hiram dans I Roi 7, 14 «rempli de sagesse, d'intelligence et de savoir» וַיִּמָּלֵא אֶת- הַחָכְמָה וְאֶת-הַתְּבוּנָה-וְאֶת הַדַּעַת. À remarquer, aussi, qu'ils étaient tous deux de la tribu de Dan. Les trois vertus, concepts, attributs divins, types de forces, niveaux de conscience, des processus à l'œuvre dans des structures vivantes, les 3 séphiroth retenues sont: Hokhmah, la sagesse, (heith, kaph, mem, hé, soit 8+20+40+5=67) ; Tébouna, alias Binah, l'intelligence (tav, beith, vav, noun, hé, soit 400+2+6+50+5=463) ; Daath, le savoir, la connaissance (daleth, eïn, tav,soit 4+70+400=474). En additionnant ces vertus on obtient 67+463+474=1004, soit en valeur réduite 5, la même que celle de l'addition de la présence divine (shekhina, שכינה,300+20+10+50+5=385) et du Temple sacré, le mishkan, (משכן 40+300+20+700=1060) qui égale 385+1060=1445, en valeur réduite 5.

Lumières vers la Chambre du milieu

Si Hiram, dans les Livres des Rois, n'était que bronzier, Houram Abi du Livre des Chroniques est bien plus éclectique et sait, éventuellement, travailler la pierre. Il demeure cependant artisan, et non le Maître Maçon du Temple, comme l'indiquent, et eux seuls, les Anciens Devoirs. (Hiram ne désignerait pas une personne en particulier mais une fonction, celle des contremaîtres descendants de Tubal-Caïn et dispensateurs d'une tradition caïnite secrète transmise de générations en générations depuis que fut fondée, sur la terre de Nod où s'étaient exilés les enfants de Caïn, la toute première cité que la Bible nommait Hénokia».

On peut ainsi penser que l'Hiram Abif de la tradition maçonnique, lequel n'apparaît dans les textes qu'en 1723, est un personnage composite, empruntant à deux portraits assez différents, et qui ne se retrouve, en tant que tel, dans aucun texte biblique. Il ne deviendra qu'en 1730, avec la Franc-maçonnerieanglicane telle qu'elle apparaît dans la *Masonry Dissected* de Prichard, le seul référent mythique du grade de maître en supplantant Noé et Betsaléel.

On ne trouve ni dans Rois, ni dans Chroniques, Ezéchiel, Jérémie, ni dans les écrits de Flavius Josèphe ni dans les commentaires rabbiniques de rapport sur la mort d'Hiram (Abif).

Le livre La clef d'Hiram raconte: Le roi Sekenenrê livrait une grande bataille mentale avec Apophis, le roi Hyksos, il avait donc besoin de la pleine puissance du dieu soleil Amon-Ré pour lui donner la force d'être victorieux. Siégeant à Thèbes, il quittait chaque jour le palais royal de Malkata pour se rendre au temple d'Amon-Ré à l'heure du grand midi, quand le soleil était à son zénith et qu'un homme ne projetait pratiquement ni ombre, ni zone de ténèbres sur le sol. Lorsque le soleil était au zénith, le pouvoir de Rê atteignait son apex et celui du dieu Apophis, son point le plus bas. Les secrets du sacre royal égyptien disparurent avec Sekenenrê, l'homme que les auteurs Chistopher Knight et Robert Lomas appellent Hiram Abif (le roi perdu). Lorsqu'on découvrit en 1881 la momie de Sekenenrê Taâ, il était évident qu'il avait connu une fin violente. Le milieu de son front avait été enfoncé, un autre coup avait fracturé l'orbite de son œil droit, sa pommette droite et son nez. Un 3ème coup avait été porté derrière son oreille gauche fracassant son mastoïde et terminant sa course dans la première vertèbre du cou. Sekenenrê a été tué parce qu'il n'avait pas voulu révéler les secrets du sacre royal aux Hyksos.

6 L'ASSOMPTION DU MAÎTRE

C'est dans le silence et dans les ténèbres chtoniennes, sous le linceul, que se germine l'élévation du compagnon au grade de Maître. Cette cérémonie est centrée sur l'assassinat d'un personnage mythique, Hiram, et sur son relèvement[35].

Le premier problème est celui du choix du personnage Hiram comme désignant l'architecte dont le drame nous est révélé, en franc- maçonnerie, dans la fameuse divulgation de Samuel Prichard, *La Maçonnerie Disséquée,* publiée à Londres en 1730[36].

Vient ensuite le problème du lien de ce drame des Maîtres Maçons avec les Mystères grands et petits[37]. On peut naturellement assigner à cette légende des sources mythologiques diverses et trouver, en cherchant un peu dans l'histoire des peuplades anciennes et des religions antiques, égyptienne, gréco-romaine, voir celtique, nombre de récits sacrés et de mythes pouvant constituer autant de modèles.

Les rituels correspondants à cette Mort-Résurrection étaient

---

[35] N'éhsitez pas à lire l'article de Papus, *La légende d'Hiram,* dans le numéro 1 de 1957 de la *Revue L'initiation*: <tinyurl.com/L-Initiation-1957-1>.

[36] <tinyurl.com/maconnerie-dissequee>.

[37] <tinyurl.com/mysteres-grands-et-petits>.

appelés, dans l'ancienne Égypte «La Porte de la Mort». Dans les rituels maçonniques modernes, Osiris est remplacé par Hiram qui reste néanmoins très porteur des mêmes significations solaires…

Inventeur ou expert dans les arts, forgeron, bâtisseur, archétype de l'Homme Créateur et dont le nom même signifie «élevé», «grandeur». Tuer Hiram et le faire renaître signifie que le Soleil perd sa force en Hiver pour revenir au Printemps… Le cycle des naissances peut alors reprendre… Un mot en remplace un autre, un souffle en remplace un autre… et le «sacrifice» est consommé… HRM est l'archétype de tous les sauveurs de l'humanité, de même, il est aussi celui de la continuité humaine et de son esprit créateur. Comme Odin, c'est le Dieu crucifié sur l'arbre du Monde ou endormi au cœur de ses racines.

On s'est du reste interrogé sur ce qui serait advenu si la légende ne s'était pas conclue, telle que Prichard la rapporte dans *La maçonnerie disséquée*, par un mot perdu, un mot substitué et un architecte tragiquement disparu. On voit en effet sans difficulté la faille de ce schéma: il faudra bien retrouver le mot perdu et remplacer l'architecte. Voici de quoi écrire cinq ou six autres légendes et autant de nouveaux grades. Si la maçonnerie se lança aussitôt, et pour plusieurs décennies, dans une prodigieuse et parfois folle entreprise créatrice de grades à la recherche de la Parole perdue, n'est-ce pas simplement parce que les auteurs de la légende fondatrice l'ont construite comme un récit ouvert et inachevé?

Celui qui est au fond de la vallée en a une représentation. Quand il monte sur le flanc de la montagne, le spectacle devient très différent. Chaque fois qu'il fait une station à une hauteur plus élevée, son panorama se modifie. De même, nous pouvons comprendre que d'un point de vue plus élevé, le monde des objets de la veille entre dans une perspective radicalement nouvelle. Le silence qui entoure le tombeau du Maître, au-delà de la Mort, offre le renouveau du langage, le partage de termes inédits, une autre forme de rupture du silence.

«Si je me sentais aujourd'hui le même qu'hier, je perdrai l'envie de vivre» comme le disait le Rabbi Nahman de Bratslav.

Le relèvement, l'assomption, est l'œuvre du respectable Maître de la loge aidé par les deux surveillants.

Après avoir été littéralement assommé par le coup fatal du maillet du troisième compagnon, l'enterrement sous le tertre, puis retrouvé, le maître est relevé à la vie, exalté. Alors peut-on parler d'assomption?

Assomption provient de *"ad+sumere"*, prendre avec soi, s'adjoindre quelqu'un, quelque chose. On retrouve cette étymologie dans assumer. En logique, c'est le fait d'ajouter une hypothèse dans un raisonnement. En théologie: C'est l'élévation-résurrection de Marie aidée par son fils. Le Christ en ressuscitant seul fait l'Ascension, mais Marie, aidée, l'assomption.

L'étymologie nous le permettrait **à partir du mot SOMME et de ses différents sens:**
~   Le somme provient comme son cousin sommeil, du dieu Somnus, l'équivalent romain du grec Hypnos38, frère jumeau de Thanatos, le dieu de la mort.

---

[38] L'Iliade d'Homère (traduction de Leconte de Lisle) chant 14: <tinyurl.com/Homere-chant14 >.

~   La somme, dérivée de summus, le point le plus élevé, désigne le résultat d'une addition, et s'apparente à sommet, sommité, summum.

~   la somme, issue de sagma, la charge, le bât, désigne, sous l'expression bête de somme, l'animal qui porte les fardeaux.

~   Le verbe assommer s'apparente au somme-sommeil. Assommer quelqu'un c'est le faire dormir. Sauf que le mot avait au départ le sens d'abattement moral, et n'a pris qu'ensuite le sens de tuer, puis celui d'endormir brusquement. Certains pensent qu'il provient en fait de sagma, la bête de somme. Assommer ce serait alors accabler sous un fardeau. Le mot aurait dérivé de sens par contagion étymologique avec le somme-sommeil.

L'idée de sommeil se retrouve depuis les premiers siècles de l'église, tant chez les Latins que chez les Grecs dans l'expression ***dormitio*** pour signifier le trépas, et même… la fête de l'Assomption de la Vierge.

Synthétisant ces étymologies, le relèvement du maître, à la fois assommé, endormi, porté au sommet, ressuscité et accueilli par le respectable Maître assisté des deux surveillants, ne peut-il s'apparenter à une assomption? Et dans ce cas, dans cette mission de psychopompe, comme sur les images de la dormition des saints, nos trois premiers officiers sont devenus des anges (sourires!). «En ce jour d'assomption, les cieux ont reçu la bienheureuse Vierge avec joie. Les Anges se réjouissent, les Archanges jubilent, les Trônes s'animent, les Dominations la célèbrent dans les cantiques, les Principautés unissent leurs voix, les Puissances accompagnent de leurs instruments de musique, les Chérubins et les Séraphins entonnent des hymnes.» À l'image des entités célestes, les acclamations n'exaltent-elles pas l'allégresse à l'avènement?

Et le maître renaît plus radieux que jamais.

Oui, je sais bien d'où je viens! Inassouvi, comme la flamme, J'arde [je suis brûlant] pour me consumer. Ce que je tiens devient lumière, charbon ce que je délaisse: Car je suis flamme assurément! [39]
Ce n'est pas dans la mystique des religions, qui n'a qu'une portée théologique, que je cherche le sens de cette phrase, mais plutôt dans la mystique des initiations qui a essentiellement une portée métaphysique.

Depuis les Égyptiens de la plus haute antiquité jusqu'à nous, **l'homme a toujours pensé recéler dans la partie la plus haute et la plus lumineuse de lui-même, un principe différent du corps, qui lui commande et lui survit**. Feu divin, selon les stoïciens; parcelle de divinité chez les chrétiens. Toujours la même intuition d'une essence supérieure, et spécifiquement humaine, considérée comme immortelle à titre d'espérance, comme avec Socrate, ou de certitude comme avec Jésus. Tout porte à croire que la représentation maçonnique de la mort aboutit sur autre chose que le néant, nous entrainant dans une fiction spiritualiste dualiste esprit/corps. Si le maître renaît, il y a donc une suite à la mort, une progression graduelle qui semble préparer à la mort matérielle du maçon pour une renaissance en esprit dans une lutte contre la désorganisation morphologique.

Sous un autre angle, par convergence, **sorti de la putréfaction alchimique**, Hiram revit plus radieux qu'il ne l'était avant, comme le laisse entendre la phrase. Les Philosophes appellent *corps* ce qu'ils nomment aussi *métaux*.

---

[39] Frédéric Nietzsche, *Le Gai Savoir, Ecce homo*, par. 62: <tinyurl.com/Le-Gai-Savoir>.

Plus radieux que jamais, c'est l'Œuvre au blanc réalisée. La fusion des métaux est considérée comme une mort. Pour l'alchimie, le fait de traiter la *materia prima* dans un creuset (crux) se dit la «crucifier». Le soufre extrait représente la vertu, c'est à dire le noyau ou l'esprit de métal.

Le corps glorieux est le corps d'immortalité. Du christianisme (corps glorieux) au taoïsme (corps arc-en-ciel), cette *«nouvelle naissance»* est l'objectif normal de toute voie spirituelle authentique. Dans le Rite de la Haute Maçonnerie égyptienne, l'aube blanche (ou l'habit blanc) est l'image de ce corps glorieux.

Dans la tradition judéo-chrétienne, l'idée du corps glorieux repose sur les interprétations d'un verset de l'Ancien Testament qui dit: «Yahvé Dieu fit à l'homme et à sa femme des tuniques de peau et les en vêtit» (Genèse 3, 21). Très tôt, certains exégètes ont pensé que la tunique dont il est question dans ce verset est faite de leur propre peau qui recouvre les êtres de lumière qu'ils étaient avant. Pour cela, ils s'appuyaient sur le fait qu'en hébreu les mots peau, âur (ר ו ע) lumière, aur (אור) sont semblables. À remarquer qu'en hébreu, le mot âour, s'éveiller, s'écrit avec les mêmes lettres que celui de la peau (ע ו ר). Le tablier de peau représenterait alors les «vêtements de peau» dont l'homme s'est revêtu en passant du spirituel au biologique. En kabbale, dans le monde d'Atzilouth, le monde de l'émanation, l'âme est enveloppée de lumière (אור, Aur, terme kabbalistique désignant l'émanation et l'influence divines. En raison de ses propriétés, elle est la métaphore kabbalistique favorite de l'influence Divine; par le principe séphirotique de la densification de la lumière, cette enveloppe devient dans le monde d'Assiah, le monde inférieur de l'action, la peau (עור, âur). Ce passage permet d'interpréter les tuniques de peau dont sont revêtus Adam et Ève dans la Genèse; théorie reprise par Martinès de Pasqually dans son *Traité de la réintégration*.

Le psychodrame dissocie notre être en deux parts: celle de l'ombre et de la matière, impure et corrompue comme les métaux qui sera enterrée dans une fosse ou un mausolée; celle de l'esprit qui s'envolera loin de toute contingence pour rejoindre ce centre fondateur tel un phénix. L'utilisation de symboles ornithologique nous est connu depuis le grade d'apprenti avec le Coq, symbole de l'éveil lié à l'App\, puis de l'épervier, symbole de quête des cimes, mais encore terriblement matière qui est, lui, lié au Compagnon, et enfin le Phénix qui a atteint l'Unité.

Le phénix, cet oiseau mythique au plumage écarlate, d'une beauté inégalable, qui, après avoir vécu plusieurs siècles (400 ou 500 ans), s'immolait sur un bûcher et renaissait, comme un soleil, de ses cendres. Son origine vient de l'oiseau sacré égyptien Bénou (c'est l'historien Hérodote qui l'introduisit dans la mythologie occidentale), un héron cendré qui fut le premier être à se poser sur la colline originelle issue du limon. Il incarnait le dieu du soleil à Héliopolis, ses adorateurs racontaient qu'il n'apparaissait que tous les 500 ans. On rapporte aussi que le phénix se nourrissait exclusivement de rosée et qu'il ramenait des herbes odorantes provenant de lointaines régions pour les poser sur l'autel d'Héliopolis, dans le but de les enflammer pour s'y réduire lui-même en cendres. Il renaissait 3 jours plus tard. Son rapport avec la régénération de la vie vient de son association au cycle quotidien du soleil et au cycle annuel des crues du Nil. Pour les Grecs, le Bénou devint le Phénix (*phoinix*) dont le nom vient peut-être du verbe égyptien *wbn* qui signifie «briller», «étinceler» et «naître» concernant le Soleil.

Dans les légendes juives il se nomme **Milcham**. L'explication de son immortalité vient d'Ève qui, après avoir goûté le fruit de l'arbre interdit, réussit aussi à tenter les animaux et à leur faire goûter du fruit aussi. Seul l'oiseau Milcham ne céda pas à la tentation, pour cela l'ange de la mort obéissant à Dieu lui offrit pour récompense de ne jamais lui faire connaître l'expérience de la mort. Depuis, tous les mille ans, l'oiseau brûle; il ne reste alors qu'un œuf qui se transforme en poussin et l'oiseau continue à vivre.

Cet oiseau n'est pas le seul à ne pas connaître la mort; il a été enseigné: les treize qui n'ont jamais goûté à la mort sont: Milcham l'oiseau et sa génération: Hénoch fils de Jared, Serah fille de Yashar, Bithiah la fille de Pharaon, Javetz, Hiram roi de Tyr, Elie, le serviteur du roi d'Ethiopie, le Messie, et la génération de Yonadav fils de Rekhev, le petit fils de R. Yehudah le Prince, R. Yehoshua b. Levi, et Eliezer, le serviteur d'Abraham.

Le phénix est l'aboutissement de l'Œuvre, symbole du feu secret, qui «se crée» dans la pierre philosophale, lui donnant sa couleur rouge. Assimilé par les alchimistes au soufre philosophique et au nombre quatre (les quatre éléments de la pierre physique et les quatre étapes de la transmutation), le Phénix représente la fixité de l'être vivant en sa mort continuelle, source de renaissances spontanées. En alchimie, l'œuf représente le chaos tel que le conçoit l'adepte, la prima materia dans laquelle l'âme du monde est captive. De l'œuf – symbolisé par le vase de cuisson rond – s'envole l'aigle ou le phénix, l'âme libérée.

Les premiers chrétiens en feront, quant à eux, un des symboles de la résurrection. La sublimation pascale de l'œuf (passage, résurrection, immortalité) s'identifie désormais au symbolisme de l'oiseau qui renaît de ses cendres. L'œuf de Pâques symbolise ce principe du renouveau.

Le phénix est l'un des symboles majeurs de l'ensemble du Rite écossais Rectifié, accompagné de la devise *Perit Ut Vivat*, «il meurt pour qu'il vive». Le Phénix est l'emblème des Écuyers Novices du Régime Écossais Rectifié, c'est aussi le plus ancien symbole de la maçonnerie parce qu'il est l'image de l'honneur qui ne périt que pour revivre et de l'Ordre qui a péri dans les flammes pour renaître aussitôt de ses cendres.

Les stoïciens ont fait du phénix le symbole de l'embrasement périodique de l'univers, suivi de régénérescence.

L'image de cet animal légendaire incite à brûler nos insuffisances et à renaître des cendres du vieil homme. Prolonger l'approche de cet animal mythique avec le texte sur ce sujet du Prof. Christian Ghasarian, *La renaissance du Phénix, Mythe(s) et symbole(s)*[40].

On retrouve ce sens ontologique dans la sortie d'Égypte des Hébreux. L'archétype Pharaon représente dans la Torah, l'égoïsme absolu. Dans Pharaon, il n'y a rien de spirituel, l'âme supérieure ne l'accompagne pas; elle n'illumine pas. Pharaon est considéré en kabbale comme une âme végétative (ou animale) qui ne brille pas; il représente au niveau individuel le mauvais penchant; le *Yétsèr HaRa'*. En effet, lorsque la créature répare son niveau Paro; il sort de Métsarim, de ses limites (autre lecture de Mitsraïm, l'Égypte). La lumière de l'intériorité est représentée par Moïse dans le Récit biblique; il est la force du désir altruiste. C'est le niveau supérieur de l'âme qui illumine. Il débute au-

---

[40] Christian Ghasarian, *La renaissance du phénix*: <academia.edu/3520654>.

dessus de la *Néfesh* (l'âme végétative); à partir de la *Roua'h*, le souffle ou l'esprit, puis, c'est la *Neshamah*, l'âme à proprement dite. Les initiales de *Neshamah* et *Roua'h* (les 2ème et 3ème niveaux de l'âme) nous l'enseignent; elles dévoilent le mot *Nér* (Noun-Reich) , la lumière, opposée à l'opacité de Pharaon.

Le serpent est également un symbole de la lumière de toute renaissance. En effet, tout comme le serpent qui rejette sa vieille peau pour faire peau neuve, la conscience «divine et immortelle» en chacun de nous, rejette une personnalité à chaque mort pour reprendre une autre renaissance. C'est le symbole lumineux qui représente le cycle de nombreuses vies d'un être humain et **sa progression dans la mutation de sa conscience.**

Comment interpréter cette lumière du nouveau maître?

Après avoir connu le monde dans ses différences, ses manifestations, ses couleurs, avec une connaissance de l'ombre, le maître le connaît dans son unité avec une connaissance de la lumière. Au retour d'Hiram dans le monde, les rideaux de la chambre lugubre s'ouvrent et laissent passer la lumière, celle de la vie, la lumière originelle débarrassée des scories accumulées au cours des errements antérieurs. La loge est reformée dans la Chambre du Milieu des maîtres maçons, lieu très éclairé comme il est dit dans le Rituel: «La loge retrouve le Corps Glorieux, devenu Corps de Lumière contenant l'espace / temps / univers / corps de lumière /corps de vie.» Implicitement, c'est l'arrêt de la chaîne des vies et des morts, du karma, c'est la libération.
La lumière, les lumières, pour Emmanuel Kant, c'est la sortie de l'homme hors de l'état de tutelle dont il est lui-même responsable (l'état de tutelle est l'incapacité de se

servir de son entendement sans la conduite d'un autre). Le maître est un être responsable, sorti de cet état de tutelle.

La mort d'Hiram est nécessaire pour qu'il s'imprègne en nous. Le maître est alors comme un oiseau que Nerval appelle l'insaisissable flamme vivante. La lumière ne peut pourrir, elle n'est pas de l'ordre du visible mais, comme l'esprit, elle peut donner à voir l'*ordo ab chaos*. Lorsqu'une étoile géante rouge meurt, elle détruit tout son système solaire avec toutes les planètes qu'il comportait. Mais cet acte destructeur libère dans l'espace les poussières de la vie. Ces particules chimiques libérées en vastes quantités vont essaimer la vie ailleurs. Alors, n'oublions pas que nous sommes constitués de protons qui tournent à la vitesse de la lumière, et comme une étoile géante le maître connaît la jonction, le contact entre corps et lumière.

Selon la théologie chrétienne: «C'est Dieu le Fils Lui-même, le Verbe de Dieu, qui se ressuscite Lui-même à partir de son corps mort. Son âme resurgit donc et la forme glorieuse de ce corps réanime victorieusement Son cadavre. Il est le Médiateur en Son corps de Sa résurrection.» Pour l'alchimie, le fait de traiter la *materia prima* dans un creuset (crux) se dit la «crucifier».

L'auréole est en quelque sorte une préfiguration de la résurrection, en particulier des saints[41], en un corps glorieux; selon Origène, ce corps de résurrection aurait la forme d'une sphère.

Pour Paracelse, l'homme se comprend suivant ses trois corps, *mais aussi selon trois esprits qui sont trois lumières*. Le premier de ces esprits est celui qui anime notre corps visible de chair et de sang. C'est grâce à lui que s'accomplissent les

---

[41] Dominique Clairambault, *Chair spirituelle et corps glorieux dans le martinisme*: < tinyurl.com/corps-glorieux>.

fonctions naturelles: nutrition, procréation. Le deuxième des trois esprits est celui qui règne dans notre corps invisible sidéral et qui ne fait qu'un avec lui. Il se situe au niveau de notre pensée, de notre imagination active. C'est l'esprit sidéral. Enfin, le troisième esprit s'identifie au corps glorieux, également invisible, engendré par l'Esprit Saint.

Le Soleil est le prototype du mort qui renaît chaque matin.

Le nouveau maître est impérissable car il est identifié à la totalité lumineuse, «Il est plus radieux que jamais». Cette expression exprime également l'aspect solaire du Rite. Hiram est de type solaire: son rite se déroule du coucher à l'aube, de la mort du soleil à son réveil. Symbole cosmique, par l'assimilation à la lumière solaire.

Dans le rituel maçonnique, Hiram représente le Soleil, plus idéalement la Lumière, celle dont il est question au début de la Genèse et celle de l'Évangile de saint Jean: lumière de l'esprit, intelligence suprême, connaissance de la chose en soi. Par la substitution du récipiendaire au héros mis à mort, Hiram réédite le mythe de la réintégration, c'est-à-dire le retour à l'unité qui permet de rassembler ce qui est épars.

Au retour d'Hiram dans le monde, les rideaux de la chambre lugubre s'ouvrent et laissent passer la lumière, celle de la vie, la lumière originelle débarrassée des scories accumulées au cours des errements antérieurs. La loge est reformée dans la Chambre du Milieu des maîtres maçons, lieu très éclairé comme il est dit dans le Rituel: «La loge retrouve le Corps Glorieux, devenu Corps de Lumière contenant l'espace / temps / univers / corps de lumière /corps de vie.» Implicitement, c'est l'arrêt de la chaîne des vies et des morts, du karma, c'est la libération.

C'est une libération identique à celle de tous les rites funéraires bardique, égyptien, tibétain,... Le nouveau

maître est le libéré vivant, il a connu les deux côtés de la même pièce: celui de la vie, celui de la mor[42]t.

Il reste à étudier plus avant un certain nombre de thèmes dont voici quelques sujets:
· La relation entre la triade supérieure et le socle quaternaire qui permet d'établir l'Homme archétype sur la base du septénaire…
· L'incarnation par le sacrifice.
· Le tableau de loge du maître.
· Le symbolisme ontologique du Temple de Salomon.
· L'acacia.
· Les outils utilisés pour tuer HiRaM.
· La portée spirituelle du mot du Maître qui t'a été révélé avec ton élévation et son origine à travers les textes anciens de la franc-maçonnerie.
· La résurrection, la réincarnation, la mort symbolique.
· L'énigme d'Hiram et de son meurtre, le mystère de son nom et les raisons de ce choix.
· Et d'autres thèmes d'étude vers lesquels la spiritualité de chacun le portera…

---

[42] Compléter avec le texte *Le double corps d'Hiram* de Jean-Bernard Lévy: <academia.edu/11788186>.

7 EN-QUÊTE MAÇONNIQUE SUR LES ASSASSINS D'HIRAM

L'histoire d'Hiram commence véritablement par son assassinat.

«Le parcours maçonnique fait passer de l'épreuve du miroir à celle de la mort d'Hiram, de la conscience individuelle de ses errements, fautes, crimes intimes, à la conscience collective de l'inéluctabilité du mauvais compagnon en chacun».[43]

L'humanité ne savait pas encore parler, elle avait déjà appris à tuer. Toutes les civilisations, dans leurs mythes fondateurs, comme dans leurs légendes symboliques, se sont bâties sur des meurtres transcendants, car démiurgiques.

Seulement voilà: la «sauvagerie» des préhistoriques ne serait qu'un mythe forgé au cours de la seconde moitié du XIXe siècle pour renforcer le concept de «civilisation» et le discours sur les progrès accomplis depuis les origines. A la vision misérabiliste des «aubes cruelles» succède aujourd'hui - en particulier avec le développement du relativisme culturel - celle, tout aussi mythique, d'un «âge d'or». La réalité de la vie de nos ancêtres se situe probablement quelque part entre les deux. Comme le montrent les données archéologiques, la compassion et l'entraide, ainsi

---

[43] Annick Drogou, Jean-Marc Pétillot, *Dictionnaire buissonnier de la Franc-Maçonnerie,* 2019, au mot **Coupable**, ..., Numérilivre Eds.

que la coopération et la solidarité, plus que la compétition et l'agressivité, ont probablement été des facteurs-clés dans la réussite évolutive de notre espèce[44].

Dans la vision freudienne, devenir adulte est un long apprentissage. «Tu dois, par étape: tuer tes dieux, tuer tes maîtres, tuer tes parents, tuer tes frères, enfin tuer tes pairs. C'est cela devenir un homme, mon fils». Dans *Totem et Tabou*, Sigmund Freud théorise des temps anciens dans lesquels une horde sauvage était dirigée par un patriarche tyrannique, qui possédait toutes les femmes. Ses frères se rebellèrent et le tuèrent. Mais, pris de culpabilité, ils lui vouèrent ensuite un culte et fondèrent la religion, la culture même, sur le remords de ce meurtre. Freud élabore ce mythe afin de fonder une phylogénèse (relation de parenté) du complexe d'Œdipe.

Sur les traces de René Girard, la Passion du Christ, faisant apparaître la victime pour ce qu'elle est, un persécuté, un innocent, amorce une histoire proprement humaine, c'est-à-dire dépourvue de cette compulsion à la violence et au refoulement induit par l'impossibilité d'une solution. C'est plus qu'une «déconstruction» comme aime à le dire Girard, c'est un véritable ravage de destruction conceptuelle. Par le Christ, la non-violence est devenue possible et, pour notre civilisation, les conduites magiques, mythiques, inconscientes peuvent être dépassées par le mécanisme de la persécution mis à jour grâce à l'analyse du principe mimétique. Point n'est besoin de recourir aux concepts freudiens dont on pourra faire l'économie.

---

[44] Le Monde diplomatique, Marylène Patou Mathis, *Non, les hommes n'ont pas toujours fait la guerre*: <tinyurl.com/Hommes-et-violences>.

Pourtant ce message d'amour a été trahi par 2000 ans de crimes, terreur, répression sur la page noire du christianisme[45].

L'origine du mot assassin est disputée. Le terme assassin viendrait du nom persan *Hašišiyun* qui désignait les membres d'une secte militante musulmane, également nommée Nizârites, particulièrement active au XIe siècle en Perse, qui assassinait publiquement ses opposants; ces hommes s'appelaient *Fédavi*, c'est-à-dire ceux qui se sacrifient. Ils étaient vêtus de blanc comme trois siècles auparavant les sectateurs de Mocanaa en Transoxane, avant eux les néophites chrétiens.

Leur chef charismatique était Hassan ibn al-Sabbah, le Vieux de la montagne; son gouvernement n'était ni ne devait être celui d'un royaume ou d'une principauté; c'était une confrérie, un ordre. Les articles de foi et les devoirs d'un Assassin (rassemblés dans un catéchisme intitulé *Askhinaï-risk, Connaissance de sa Vocation*) n'avaient d'autres bases que de simples allégories; elles lui apprenaient à ne considérer comme essentielles que la pratique du culte intérieur, et à regarder avec indifférence l'observation ou là violation des lois de la religion et de la morale; il devait donc douter de tout, et avoir pour principe que rien n'était défendu.

Fréquemment mentionné, assassin proviendrait de l'arabe *haschashin*, ceux qui fument le haschisch ou cannabis. Le haschisch est une drogue, Hassan ibn al-Sabbah l'aurait utilisée pour conditionner ses disciples. Il enivrait avec cette plante certains de ses affidés, leur promettant que, s'ils mouraient pour son service, ils obtiendraient les félicités

---

[45] Enrico Riboni, *La page noire du christianisme 2000 ans de crimes, terreur, répression*: <tinyurl.com/Page-noire-christianisme>.

dont ils venaient de prendre un avant-goût. Cependant, il n'est pas certain que cette pratique ait existé.

Selon d'autres, le terme dériverait de l'arabe *assassiyoune* qui signifie «celui qui surveille», ceux qui sont fidèles à l'Asās, le fondement de la foi. Ce serait le nom qu'Hassan ibn al-Sabbah utilisait pour désigner ses disciples.

Au XIIIᵉ siècle, le mot passa en italien sous la forme *assassino* pour désigner un chef musulman combattant les chrétiens, puis un tueur à gages. Au XVIᵉ siècle, le mot passa en français avec ce sens pour désigner toute personne payée afin de commettre un meurtre.

Pour les troubadours ce mot qualifiait la fidélité amoureuse aveugle.

Quoique l'être humain n'ait pas, à la différence de l'animal, de freins naturels à l'agression inter-espèce, il possède nécessairement l'intuition du fait que le crime n'est pas un acte noble, car en dernière instance, comme disait Sénèque, l'homme est une chose sacrée pour l'homme. De plus, au niveau de cette perception, l'être humain est conscient du fait que la bienveillance et le respect de l'autre sont les conditions de la coexistence sociale; il ne peut y avoir existence sans coexistence. Aristote rappelle aussi que l'homme est un animal qui n'est pas destiné à vivre dans la solitude, ce qui renvoie à l'existence d'un ordre social se reproduisant selon la logique du conventionnel et non pas à travers un système de croyances. C'est ce qui est appelé l'En-Soi éthique du monde, ou la substance éthique de l'humain. La communauté juridique est la condition même de son accomplissement. «L'État de justice ne peut pas créer les conditions du règne du Bien au niveau universel, sans l'émergence de la conscience axiologique dans sa plénitude, capable de réaliser son œuvre de vérité et de justice.» Par conséquent, il s'agit, non seulement de reconnaître ce qui est, mais aussi de condamner tous les systèmes de valeurs et d'actions qui ont nié l'universalité de l'altérité et produit l'universalité du crime.

Et dans ce cas on doit s'attendre à ce que les assassins d'Hiram soient jugés et condamnés.

Au Rite York, l'exécution des 3 mauvais compagnons, assassins d'Hiram, fait partie de la cérémonie du 3ème degré. Ce thème n'est développé qu'aux 9ème, 10ème et 11ème degrés du REAA.

Mais qui sont ou que sont ces mauvais compagnons?

On retrouve, de façon à peu près analogue à travers tous les rites maçonniques hiramiens, l'histoire des mauvais compagnons que l'on peut narrer ainsi.

Les mauvais compagnons qui étaient accoutumés à se glisser parmi les maîtres pour en recevoir le salaire, se voyant frustrés par l'organisation d'Hiram pour la paye, résolurent de se la procurer à n'importe quel prix que ce fut. Et voyant bien qu'ils ne pourraient l'avoir qu'en ayant la parole, la passe et l'attouchement du maître, ils tinrent conseil ensemble de la façon qu'ils s'y prendraient pour la capter. Ils ne trouvèrent point d'autre moyen que celui de se la faire donner de gré ou de force et décidèrent de soutirer le mot de passe à Hiram ou de l'assassiner. Ils l'attendent à la sortie du temple et alors que Hiram se présente à la porte de l'Occident, le maçon tente de le forcer à livrer le secret. Hiram refuse, il est frappé à l'épaule avec une règle. Hiram s'enfuit vers la porte du Midi où le charpentier, après un même scénario, lui donne un coup de levier ou d'équerre. Hiram se sauve une fois encore vers la porte de l'Orient où le mineur l'achève d'un coup de maillet. Les trois compères emportent le corps dans un lieu retiré où ils l'ensevelissent, puis ils creusent deux autres fosses, l'une pour ses habits, l'autre pour sa canne. Les objets utilisés pour frapper le Maître ne sont pas des armes en métal (elles étaient interdites dans l'enceinte du Temple), mais des outils en bois ou en carton.

Cette époptie n'évoque-t-elle qu'une volonté impérieuse de s'accaparer ce que les compagnons ignorent ou n'envisage que sous l'angle strictement matériel «un salaire», démontrant ainsi leur manque de persévérance, de patience autant que de discernement et de réelles capacités?

Il y a trois rebelles typiques: le rebelle à la nature, le rebelle à la science, le rebelle à la vérité. Ils étaient figurés dans l'enfer des Anciens par les trois têtes de Cerbère. Ils sont figurés dans la Bible par Coré, Dathan et Abiron. Les Templiers les nomment Squin de Florian, Noffo Dei et l'inconnu qui les trahirent.

Selon la doctrine des maîtres, les mauvais compagnons sont aussi l'ambition, le mensonge et l'ignorance, ou bien l'erreur, le fanatisme et l'orgueil. Ils sont encore l'envie, l'avarice et l'orgueil: l'envie, qui empoisonne toute jouissance et cherche à détruire celle du prochain; l'avarice, qui nous rend souvent injustes et presque toujours insensibles aux malheurs d'autrui; l'orgueil, qui s'irrite de tout et ne pardonne jamais (dans l'Antiquité cela portait un nom: l'*hubris, ὕβρις*, c'était le plus grand des crimes puni par le châtiment de Némésis, divin et irrévocable puisqu'il entraîne l'anéantissement pur et simple de l'individu). Des passions funestes par lesquelles l'homme est souvent aveuglé.

Dans la légende d'Hiram maçonnique, les scélérats sont désignés par des noms qui varient suivant les rites; on trouve Jubelas, Jubelos, Jubelum (*Guide des maçons écossais* 1810: «Jubelas, à la porte du sud. Jubelos, à celle de l'ouest.

Jubelum, à celle de l'est»«(à ne pas confondre avec Jubel et Jubal, les fils de Lamech).

Sekenenrê, refusant de livrer le secret permettant de faire ressusciter à la vie divine celui qui allait ensuite avoir la charge humaine de pharaon, c'est-à-dire de représentant de Dieu pour servir de lien entre le Créateur et l'humanité, fut assassiné.Un jeune prêtre du nom de Jubelo aurait permis aux assassins d'entrer dans le temple où se trouvait Pharaon. Inspirés par ce récit, Chistopher Knight et Robert Lomas, dans leur livre *La clé d'Hiram* assimilent Sekenenrê Taâ à Hiram Abif.

On trouve aussi pour les assassins les noms de Holem, Sterkin et Hoterfut, ou Abiram, Miphiboseth du nom d'un prétendant ridicule et infirme à la royauté de David (*Histoire de la magie*, Éliphas Levi, 1860), Phanor, Amrou et Habirama (qui signifie celui qui renverse le père)le mineur, appelé aussi Méthoushaël, de son autre nom Hoben, des apprentis ou compagnons, de corps de métier différents, furieux de s'être vus refuser la maîtrise. Le rituel du 10ème degré du REAA les nomme en présence de leurs cadavres: à l'Orient un squelette représentant Abiram Akyrop (parfois appelé Jubulum Akyrop ou encore Hoben); à l'Occident un squelette représentant Sterkin (parfois appelé Jubella Guibs); au Midi un squelette représentant Oterfut (parfois appelé Jubello Gravelot).

Mackey, dans son *Encyclopédie* écrit au mot *Assassins of the Third Degree*[46]: nous avons les trois «JJJ» dans le York et les rites américains. Dans l'Adonhiramite système nous avons Romvel, Gravelot, et Abiram. Dans le Rite écossais, nous trouvons les noms donnés dans les anciens rituels comme

---

[46] <tinyurl.com/assassins-selon-Mackey>.

Jubelum Akirop, parfois Abiram, Jubelo Romvel, et Jubela Gravelot. Schterke et Oterfilt sont dans certains des rituels allemands, tandis que d'autres rituels écossais ont Abiram, Romvel et Hobhen. Pour le rite de Pérignan, on trouve Kunkel, Gravelot et Abyram Akirop qui en est le mot de passe, et dans le catéchisme du second élu nommé élu de Pérignan, «Romvel à la porte de l'Occident, armé d'une règle, Gravelot à celle du Nord, armé d'un maillet et Abiram à celle du Midi, armé d'un levier. Ce fut lui qui le renversa par terre et le laissa mort»[47].

Au mot ABIRAM, il écrit: «L'un des artisans traîtres, dont l'acte de perfidie forme une part si importante du Troisième Degré, reçoit dans quelques-uns des hauts grades le nom d'Abiram Akirop. Ces mots ont certainement une allure hébraïque; mais les mots significatifs de la franc-maçonnerie ont, dans le laps de temps et dans leur transmission par des enseignants ignorants, devenus si corrompus dans la forme qu'il est presque impossible de les faire remonter à une racine intelligible. Elles peuvent être hébraïques ou anagrammatisées; mais c'est seulement le hasard qui peut nous donner le vrai sens que possèdent sans aucun doute les deux mots combinés. Le mot Abiram signifie père de la noblesse, et peut avoir été choisi comme nom de l'artisan traître avec une allusion à l'histoire biblique de Koré, Dathan et Abiram qui ont conspiré contre Moïse et Aaron. Dans le rituel français du Second Élu, on dit qu'il signifie meurtrier ou assassin, mais cela ne semble pas être correct étymologiquement. Frère Mackenzie suggère qu'Akirop pourrait provenir de Karab, l'hébreu signifiant rejoindre la bataille. Il propose également Abi-ramah, pour signifier en hébreu destructeur du père».

---

[47] Vidéo, Assassins of the Third Degree: Encyclopedia of Freemasonry By Albert G. Mackey: <tinyurl.com/Mackey-assassins-les-Roses>.

Dans sa signification préliminaire, la perte du Mot signifiant la mort du Christ, les trois assassins sont le monde, la chair et le diable – pour utiliser les termes techniques et conventionnels. Le Maître d'œuvre qui érigea la Maison de la Doctrine Chrétienne est le Christ lui-même. D'un autre point de vue, les malfaisants étaient Pilate, Hérode et Caïphe». C'est dans ce sens que *Le Maçon couronné*, leur substitue Judas, Caïphe et Pilate, les trois auteurs de la mort de Jésus.

Leurs noms portent en eux la scélératesse qui les fait agir. «Phanor, Amrou et Méthousaël avaient pris la fuite; mais reconnus pour de faux frères, ils périrent de la main des ouvriers, dans les États de Maaca, roi du pays de Geth, où ils se cachaient sous les noms de Sterkin, d'Oterfut et de Hoben».

Les Rose-Croix de Kilwinning nomment les trois assassins Gain, Hakan et Heni.

Jean-Marie Ragon écrit dans *Cours philosophique et interprétatif des initiations anciennes et modernes*: «nous y trouvons la plus grande confusion; ce sont tantôt *Sterkin* ou *Stolckin*, *Zéomet*, *Eléham*; tantôt *Johaben* ou *Johabert*, *Elechior*, *Tercy*; tantôt *Toffet* (de *thopel*, ruina), *Tabaor* (*tebach*, occisio), *Edom* (*sanguineus*)»[48].

La Bible hébraïque les appelle Akirof, Strakine et Astrafal [sic], tandis que les traditions islamiques les dénomment Amrou, Phanor et Métoushaël[49].

---

[48] Jean- Marie Ragon, Cours philosophique et interprétatif des initiations anciennes et modernes, p.205: <tinyurl.com/assassins-selon-Ragon>.

[49] Dictionnaire des gnostiques et des principaux initiés de Wautier au mot Jubela, …: <academia.edu/7042547>.

Le Templier y voit Squin de Florian, Noffo Dei Florentin et l'Inconnu sur les dépositions desquels Philippe le Bel accusa l'ordre devant le Pape, ou bien encore les trois abominables, Philippe le Bel, Clément V et Noffo Dei Florentin.

Picart, dans une note de bas de page de l'*Histoire des religions et des mœurs de tous les peuples du monde* (tome 6) suggère que «Ces trois scélérats représentent pour les jésuites les trois royaumes qui les ont impoliment chassés»[50].

Au Rite York, on connaît le nom des mauvais compagnons (Jubela, Jubelo, Jubelum) parce qu'ils manquent à l'appel, ils sont tous trois originaires de Tyr. Sont présents sur le chantier les compagnons expressément nommés (Amos, Caleb, Ezra, Joshua, Hezekiah, Nathan, Samuel Isaiah, Aholiab, Gédéon, Haggui, Daniel).

En anglais, les trois assassins d'Hiram sont nommés collectivement les *Juwes*. L'auteur Stephen Knight a accusé la Franc-maçonnerie d'être derrière les meurtres de Jack l'éventreur à cause de la phrase trouvée sur un mur après le meurtre de Catherine Eddowes: «*The Juwes are the men that Will not be Blamed for nothing.*»

Albert Pike relie le nom des criminels à une triade d'étoiles regroupées dans la constellation de la Lyre et attire l'attention sur le fait qu'un ancien dieu chaldéen, Baal (*Beth, Lamed*), désigné comme une incarnation du démon par les juifs, apparaît, lui aussi, dans les trois noms Jubela, Jubelo, et Jubelum.

Gérard de Nerval, dans *Les nuits du Ramazan, chapitre XII, Macbenach* raconte le témoignage d'un compagnon fidèle d'Adoniram à Salomon: J'ai reconnu que le premier est maçon, parce qu'il a dit: j'ai mêlé le calcaire à la brique, et la

---

[50] Histoire des religions et des mœurs de tous les peuples du monde: <tinyurl.com/assassins-pour-les-jesuites>.

chaux tombera en poussière. Le second est charpentier; il a dit: j'ai prolongé les traverses des poutres, et la flamme les visitera. Quant au troisième, il travaille les métaux, voici quelles étaient ses paroles: j'ai pris dans le lac empoisonné de Gomorrhe des laves de bitume et de souffre; je les ai mêlées à la fonte. En ce moment, une pluie d'étincelles a éclairé leurs visages. Le maçon est Syrien et se nomme Phanor; le charpentier est Phénicien, on l'appelle Amrou; le mineur est Juif de la tribu de Ruben, son nom est Méthousaël»[51].

Ils sont nommés dans un rituel du rite de Misraïm de 1820: Hakibouth (à la porte du midi), Hahemdath (à celle d'occident) et Haghebouroth (à celle de l'orient), noms hébreux qui signifient orgueil, ambition et cupidité.

Les trois mauvais compagnons qui assaillent le maître sont les avatars de l'erreur symbolisée par le renversement du symbolisme de la règle (image de la vérité), du fanatisme symbolisé par l'équerre (image de la rectitude), de l'autorité du Maillet mais autorité que l'on tente d'usurper par l'orgueil.

Les scélérats utilisent des outils, sans la connaissance de ceux-ci, pour tuer le Maître Bâtisseur. Le premier outil, la règle utilisée sans le compas par le félon, c'est l'imagination exaltée qui poursuit jusqu'à l'infini ses propres envies, en dehors de toute réalité. Le deuxième outil, le levier populaire (ou l'équerre selon les rites, ou le rouleau dans le Rituel Luquet) devient l'instrument de la tyrannie entre les mains de la multitude et attente, plus encore qu'à la règle, à la royauté de la sagesse et de la vertu. Le troisième coup létal est donné avec le maillet, l'outil du Vénérable! Ceci fait

---

[51] Gérad de Nerval, *Voyage en Orient, Les nuits du Ramazan*, p.125: <tinyurl.com/les-nuits-du-Ramazan>.

référence à la dualité du savoir et de la nature. Cet aspect de la légende nous apprend que le savoir altéré ou contrefait ne sert plus à la construction mais à la destruction. «Nous allons nous émanciper de l'esclavage mental parce que alors que d'autres pourraient libérer le corps, aucun sauf nous-mêmes ne peut libérer l'esprit. L'esprit est votre seul souverain, souverain. L'homme qui n'est pas capable de se développer et d'utiliser son esprit est forcément l'esclave de l'autre homme qui utilise son esprit.» (Marcus Garvey).

Pour la plupart des rites qui retiennent l'aspect moral de la légende, les assassins d'Hiram sont les vices qui empêchent de parvenir à un état de perfection, les neufs maîtres à la recherche du corps d'Hiram sont les vertus et les devoirs maçonniques. Cette interprétation est à rapprocher de l'explication donnée au ritème du miroir: nous serions notre pire ennemi!

Il ne faudrait pas écarter l'interprétation de la mort d'Hiram comme celle du cycle solaire et alors les trois compagnons sont les signes zodiacaux d'hiver, ceux qui donnent la mort à Hiram: la Balance, le Scorpion et le Sagittaire qui, vers le milieu de l'automne, occupent ces trois points du ciel, en sorte que le premier se trouve vers le déclin ou à l'occident, le second à son ascension droite au midi, et le dernier commence à paraître au levant, ce qui est figuré par la porte d'orient où Hiram meurt; comme le soleil meurt dans le Sagittaire et renaît immédiatement ou recommence une année nouvelle dans le Capricorne. Les trois assassins correspondent aux trois signes d'automne, qui causent la mort de l'astre du jour. Le nom Abi Balah (meurtrier du père), que porte le plus coupable, désigne suffisamment le Sagittaire, constellation qui donne en effet la mort au soleil, père de toutes choses (*rerum omnium pater*). Avec Jean Marie Ragon, c'est ici le lieu de remarquer l'effet perpétuel des sens équivoques de la plupart des mots dans les traductions; nous citerons, pour exemple, les deux mots tuer et ressusciter. Tuer est traduit du mot latin *occidere*, d'où nous avons fait occident, et ce mot si usuel ne représente à notre esprit ni meurtre, ni assassinat, ni rien de révoltant, parce que l'occident, en style allégorique, est l'être, le temps, ou le point du monde qui tue, parce qu'il fait disparaître le soleil, et alternativement tous les astres; de même, par une métamorphose hardie, nous trouvons le mot *resurgere*, traduit par le mot ressusciter, quoique ce verbe latin n'ait jamais signifié revenir à la vie, mais bien se lever une seconde fois, se lever de nouveau, ce qui convient parfaitement au soleil[52].

L'histoire de l'assassinat d'Hiram par trois mauvais compagnons veut montrer une nette différence entre le bien et le mal, mais cette séparation est-elle si nette que cela?

Gérard de Nerval, dans *Les nuits du Ramazan*[53], **explique leur geste, rejetant la faute sur Hiram** car «Il a asservi les charpentiers aux mineurs. Le second: Il a subordonné les maçons aux mineurs. Le troisième: Il a voulu régner sur les mineurs. «Le premier reprit: Il donne sa force à des étrangers. Le second: Il n'a pas de patrie. «Le troisième ajoute: C'est bien. Les compagnons sont frères,... recommença le premier. Les corporations ont des droits égaux, continua le second. Le troisième ajouta: C'est bien».

En reprenant ce type de motif, les mauvais compagnons, qui tuent le maître, ne seraient-ils pas des travailleurs opprimés

---

[52] Cours philosophique et interprétatif des initiations anciennes et modernes: <tinyurl.com/cours-philosophique>.

[53] Voyages en Orient, Histoire de la Reine du matin et de Soliman, Prince des Génies, Chap.V, La mer d'airain: <tinyurl.com/la-mer-d-airain>.

par un mauvais patron qui refusait toute augmentation de salaire? Ne seraient-t-ils pas les révoltés d'un ordre pesant, injuste et fermé? Leur emportement fatal ne révèle-t-il pas, en fait, de la brutale cruauté de l'ordre patriarcal incarné par le père[54].

Alors faut-il pour autant condamner à mort les mauvais compagnons? [55]

L'ambiguité entre faute et innocence

La cérémonie d'élévation met en scène des **jeux de rôle alternatifs et ambigus**. Au REAA, le compagnon reçu est traité au début de la réception comme un coupable et pourtant, on le sait innocent puisqu'il va succéder au maître idéal. Lors de l'époptie qui narre le meurtre, le récipiendaire, bien qu'étant encore compagnon, tient le rôle d'Hiram; il est à la fois celui qui transmet et celui qui reçoit l'exemple du respect de l'engagement jusqu'à la mort, il est le disciple et le maître.

Hiram lui-même n'a -t-il pas obtempéré aux menaces en livrant son secret puisqu'il est dit que, si Salomon substitua la parole, c'est qu'il pensait que son Maître d'œuvre avait cédé à la pression de ses agresseurs?

Le dernier maître reçu "ressuscité" lors de la cérémonie de réception au grade de Maître, reprend la place provisoire du cadavre d'Hiram pour tester l'innocence du récipiendaire qui doit l'enjamber.

Le très respectable maître et les deux surveillants jouent les mauvais compagnons qui participent à l'assassinat; outre qu'ils sont en même temps les officiers, ils interviennent

---

[54] Vidéo: Henri Laborit, *Éloge de la fuite*: <tinyurl.com/inhibition-de-l-action>.

[55] *Plaidoyer pour Trois Mauvais Compagnons*: <ledifice.net/7077-C.html>.

tous les trois dans le relèvement du mort. En provoquant la perte de la parole, ils créeront la parole substituée.

Aucun rôle dans la vie n'est définitif, il dépend du déterminisme social et de la nature du problème qui se pose au groupe.
La mutualisation naturelle des besoins, de la sécurité et de la force peuvent donc être le sens moral d'une organisation coopérative et pacifiques des groupes[56].

La responsabilité du meurtrier

En choisissant les nouveaux apprentis parmi des profanes, les maîtres n'introduisent-ils pas de «mauvais francs-maçons»? Les scandales qui font les choux gras des journalistes auraient-ils pu être évités par des sélections plus judicieuses?

Au-delà de cette réalité, se pose surtout la compréhension qu'un acte de trahison peut n'être, tout compte fait, qu'**un acte au service du destin de l'assassiné.**

Prenons l'exemple de Judas, le compagnon de Jésus. Si pour la Bible, la cause de Judas Iscariote n'est pas défendable[57], d'autres pensent qu'en livrant Jésus, Judas aurait «forcé» Jésus à accomplir son destin et que sans lui Jésus aurait fui. C'est dans ce sens qu'Armand Abécassis suggère de comprendre les actes de Judas. Voyant que Jésus n'assume pas pleinement sa fonction de Messie, et que les autorités religieuses complotent contre lui, Judas veut accélérer le

---

[56] Vidéo, *expérience sur rats par de Didier Desore*: <tinyurl.com/Faits-comme-des-rats>.

[57] La cause de Judas Iscariote est-elle défendable? <tinyurl.com/la-cause-de-Judas>.

cours des événements. Il croit avec ferveur que Jésus est le Messie et souhaite que ce dernier se confronte aux grands prêtres pour qu'ils comprennent leur erreur[58]. D'autres encore accréditent l'idée que c'est Jésus lui-même qui lui aurait demandé de le livrer aux autorités afin qu'il soit délivré de son corps matériel et retourne vers la lumière: «Fais ce que tu dois faire, fais-le»! Judas a participé au plan de Dieu en livrant Jésus, si celui-ci n'était pas mort sur la croix, le christianisme ne serait sans doute jamais né.

Le rôle de Judas, apparemment néfaste, ne fut-il pas essentiel dans la messianité de Jésus?

De même, les mauvais compagnons ne sont-ils pas la main du destin pour fonder le mythe d'Hiram? «Sans eux, les voilà à jamais intérieurs ces démons, impossible de les nommer, donc impossible de les combattre et d'apprendre à les maîtriser. Sans eux nos passions, règneraient à jamais sur nous même, dans l'endormissement de notre conscience et par la complaisance de notre ego. Sans eux pas de meurtre. Sans meurtre pas d'enquête, sans enquête, pas de quête. Sans nos trois compagnons la quête s'arrête, pire elle ne commence même pas. Sans le meurtre d'Hiram, pas de sacrifice fondateur du mythe. Sans meurtre pas de parole perdue, sans parole perdue pas de quête pour la retrouver, sans quête pas de substitution, sans substitution pas de renaissance, sans renaissance pas de nouveaux Maîtres, sans Maîtres pas d'initiations, sans initiations, pas de franc-Maçon»[59].

---

[58] Judas le plus fidèle des disciples de Jésus: <tinyurl.com/Judas-fidele-de-Jesus>.

[59] Plaidoyer pour Trois Mauvais Compagnons: <ledifice.net/7077-C.html>.

Bref une façon de replacer l'histoire d'Hiram dans une veine christique!

L'erreur d'interprétation

Il ne faudrait pas écarter l'interprétation de la mort d'Hiram comme celle du cycle solaire et alors les trois compagnons sont les signes zodiacaux d'hiver, ceux qui donnent la mort à Hiram: la Balance, le Scorpion et le Sagittaire qui, vers le milieu de l'automne, occupent ces trois points du ciel, en sorte que le premier se trouve vers le déclin ou à l'occident, le second à son ascension droite au midi, et le dernier commence à paraître au levant, ce qui est figuré par la porte d'orient où Hiram meurt; comme le soleil meurt dans le Sagittaire et renaît immédiatement ou recommence une année nouvelle dans le Capricorne. Les trois assassins correspondent aux trois signes d'automne, qui causent la mort de l'astre du jour. Le nom Abi Balah (meurtrier du père), que porte le plus coupable, désigne suffisamment le Sagittaire, constellation qui donne en effet la mort au soleil, père de toutes choses (*rerum omnium pater*).

Avec Jean Marie Ragon[60], c'est ici le lieu de remarquer l'effet perpétuel des sens équivoques de la plupart des mots dans les traductions; nous citerons, pour exemple, les deux mots tuer et ressusciter. Tuer est traduit du mot latin *occider*e, d'où nous avons fait occident, et ce mot si usuel ne représente à notre esprit ni meurtre, **ni assassinat, ni rien de révoltant, parce que l'occident, en style allégorique, est l'être, le temps, ou le point du monde qui tue, parce qu'il fait disparaître le soleil, et alternativement tous les astres;**

---

[60] Jean Marie Ragon, *Cours philosophique et interprétatif des initiations anciennes et modernes*, nbp. 1, p.161: <tinyurl.com/Mort-d-hiram-cycle-solaire>.

de même, par une métamorphose hardie, nous trouvons le mot *resurgere*, traduit par le mot ressusciter, quoique ce verbe latin n'ait jamais signifié revenir à la vie, mais bien se lever une seconde fois, se lever de nouveau, ce qui convient parfaitement au soleil.

8 LA DERNIÈRE TENTATION D'HIRAM

Pauvres fous! Serez-vous ingénus au point de croire que nous vous enseignons ouvertement le plus grand et le plus important des secrets? Je vous assure que celui qui voudra expliquer selon le sens ordinaire et littéral des mots ce qu'écrivent les philosophes hermétiques, il se trouvera pris dans les méandres d'un labyrinthe d'où il ne pourra s'enfuir.

Artéphuis

À cet instant, alors que la lumière du jour venait de prendre cette couleur blanche du plein midi, l'homme se tenait dans le silence du chantier déserté. Les ouvriers, épuisés par la chaleur et tant d'années de labeur, avaient regagné des lieux ombragés. Le temple était achevé. Il était flamboyant et l'homme, dans la solitude, se regardait comme dans un miroir, en un face-à-face avec l'œuvre accomplie, érigée dans la sueur et la connaissance de ses bâtisseurs. Voilà dix ans, déjà, que l'homme avait quitté son pays, le royaume de Tyr, pour venir, ici, sur cette colline, à la demande du roi Salomon, élever un sanctuaire dédié au Dieu des Hébreux. Le silence inhabituel disait l'achèvement des travaux. L'espace sacré était enfin délimité. L'homme avança doucement et pénétra une dernière fois jusqu'au narthex. Entre les deux colonnes, qu'il avait fondues dans l'airain pour attester de la hiérogamie du ciel et de la terre, il s'arrêta, se retourna, laissant le parvis du Saint des Saints derrière lui, dominant la cité qu'un pur rayon de soleil éclairait. Jérusalem semblait appartenir au ciel.

Sa souffrance d'être exilé avait disparu depuis longtemps. Une paix indicible l'habitait aujourd'hui. En participant à la création du temple, il était entré en communion spirituelle avec le peuple d'Israël. L'œuvre, en sacralisant une pensée et ses gestes, lui avait permis de se fusionner avec l'univers et dans cette réunification cosmique de trouver la communion avec la lumière. C'est un des messages qu'il avait inscrit dans ses colonnes. L'homme décida, soudain, dans sa méditation de rentrer préparer son retour à Tyr. Un désir de fermer un cercle, de revenir au point initial pour se ressourcer afin de poursuivre.

- Serait-ce encore possible? Le début est-il toujours à la même place? Le temps et mon cheminement sont-ils cercle ou spirale? Me laisseront-ils retrouver ce que j'ai quitté?

Une hâte juvénile le poussa à accélérer ses pas. Il descendit vers une des sorties de l'enceinte.

- Mais oui je pars. Je rentre. Ce que j'ai achevé ici, je le rebâtirai ailleurs. À Saba peut-être où de nouveaux chantiers s'ouvrent et le message reçu de l'Égypte, inscrit ici, sera révélé là-bas aussi! Par les bâtisseurs, la parole doit se répandre. Allons!

Avec une énergie revivifiée par ses projets, l'homme se dirigea vers la sortie la plus proche, à la porte du midi. Son visage luisait de cette sagesse qui pour certains, à l'âge mûr, témoigne d'un passé actif au cours duquel les expériences sont intériorisées. La sensualité de ses traits montrait sa générosité, son pas ferme et vif, sa détermination. Grande et svelte, sa silhouette attestait une vie saine dont les seuls excès ne sont que ceux de la pensée. Malgré ses années, une grande force, qu'on devinait inaltérable, lui donnait cette beauté souveraine, faite d'une harmonie délicate où se mêlent l'intelligence, la mansuétude, la spiritualité, la droiture. Le regard de l'homme imposait le respect: C'était celui d'un maître, du Maître d'œuvre du Temple et il s'appelait Hiram Abi, ce qui veut dire Hiram le père. Soudain jaillit une ombre sur le sol.

- C'est certainement un ouvrier, puisque seuls, ils ont accès à ce lieu! Mais que peut-il faire à cette heure trop ardente, pourquoi ne se repose-t-il pas comme les autres?

Dissimulé du feu solaire dans les replis de son long vêtement de laine, un compø du chantier se plaça entre l'issue sud et Hiram, comme pour lui interdire l'accès. Dans sa main la règle graduée. Hiram reconnut *Séterkin*, le maço aussi appelé *Phanor*, à la face de lion.

- Que la paix soit avec toi. Puis-je t'aider en quoi que ce soit? Cherches-tu quelque chose?

- Nous étions un groupe uni de compø mais tu as choisi un petit nombre d'entre nous pour les distinguer. Pourtant, nous œuvrions tous ensemble sur le même ouvrage. Aujourd'hui, ils ont la tête ceinte d'un couvre-chef particulier qui les désigne comme nos maîtres. Je sais que tu leur as transmis un mot de passe grâce auquel ils ont accès au pouvoir de diriger. Je ne veux attendre plus longtemps pour bénéficier moi aussi de la marque de leur supériorité. Donne-moi ce mot de passe pour que j'use, moi aussi, de privilèges.

- Enfant! Quelle impudence, pensa Hiram amusé mais déçu par cette vindicte, Dommage! Un bâtisseur! Il veut faire comme tant d'autres, là-bas, dehors. Il veut dominer. Il a cédé à la tentation de l'identité dans l'orgueil et la suffisance. Son impatience est un échec de l'enseignement qui lui fut donné. L'ardeur est parfois juste mais il faut d'infinies préparations, d'infinies précautions pour mener à bien une vie d'homme, création même de la création. Nul ne peut accéder à une connaissance qu'il ne soupçonne même pas. Autrement c'est avilir la voie de ceux qui font l'effort d'y avancer. Sa vanité veut précipiter le temps de l'éveil et sa quête est déviée. N'a-t-il pas compris l'indication symbolique de la règle qu'il tient? C'est une graduation des douze heures du jour. Une conscience du temps. Mais sans le compas il n'a plus d'ajustement sur la mesure, sur le raisonnablement connaissable. La règle sans le compas, c'est l'imagination exaltée qui poursuit jusqu'à l'infini ses propres envies, en dehors de toute réalité. Son aspiration au pouvoir est une ambition castrante pour la manifestation des modalités généreuses de l'être. Vouloir primer sur les autres, c'est renier l'esprit de fraternité qui est instituée dans cette communauté de bâtisseurs. Il croit encore à une hiérarchie de pouvoirs. Elle n'est que degré de connaissance. Ce sont les devoirs qui sont les véritables sources des droits. C'est dans la différence des devoirs qu'est la distinction des groupes. Par ailleurs…

Avec bonté, Hiram tenta d'expliquer au compø son impossibilité, par ailleurs, de lui communiquer le mot du Maître.
- À moi seul je ne puis t'accorder cette faveur.
Le compø insiste, paralysé dans sa compréhension par son ambition.
- Insensé, ce n'est pas ainsi que je l'ai reçu, ni qu'il doit se demander. Travaille, persévère et tu seras récompensé.
Séterkin, le maçon s'emporte, menace. Le maître demeure calme mais inflexible. Alors la main se lève et frappe, visant à la gorge. Mais, déviée, la règle atteint Hiram à l'épaule droite sur la clavicule, qui sous le choc de la surprise et l'onde de cette violence, chancelle et met le genou droit à terre.
- Je ne veux pas l'affronter avec la force. La force ne peut changer un état d'esprit. Laissons-là!

Hiram se relève et s'éloigne pour éviter un combat. Préoccupé par cet incident, endolori, il se dirige vers une autre sortie à la porte de l'occident. Mais le compagnon n'était pas seul. Un complice attendait devant la deuxième issue. Comprenant l'échec de son acolyte, il se montre d'emblée menaçant, figé comme un bouc prêt à foncer:

- À moi tu dois donner le mot de passe. Je suis *Otefut* appelé aussi *Amron,* le charpentier. Tu es un mauvais chef. Tu as créé des hiérarchies entre tes ouvriers. Le salaire des Mø est plus élevé que le mien, je les envie. Je suis aussi instruit qu'eux, je veux obtenir la même rémunération. Parle et prononce le mot des Maîtres pour que je touche mon salaire en chambre du milieu.

Hiram comprend qu'il y a conjuration. Une inquiétude nouvelle ne le décourage pourtant pas. Il explique avec fermeté en voyant le levier dans la main de l'homme.

- Puisque ton nom Amron veut dire parler, révéler, sache que la parole sans l'action n'est rien. La discipline que tu as consentie à la communauté des charpentiers ne s'accommode ni de la sottise satisfaite ni de la vanité. Il est aberrant que ceux qui entendent travailler avec une équerre se soucient de prestige et de faveurs personnelles. C'est renoncer à l'essence même de la solidarité des bâtisseurs. C'est désobéir à la norme. Ton équerre t'indique que tu ne peux bâtir que sur ce qui est juste, animé par l'esprit d'équité. Le levier que tu tiens, c'est ta volonté qui s'imposera si elle prend un point d'appui sur un dévouement absolu à une cause élevée, noble et généreuse. Tourner les règlements, être le plus malin, plus exigeant, vouloir sans mériter meilleur salaire, c'est condamner la vertu de l'ordre instauré entre les différents groupes de travailleurs. Le secret que tu demandes, il est dans la paix intérieure, dans une réponse que tu te feras à toi-même et qui met toute chose à sa place et tout homme où il peut soutenir l'édifice. Passion, ambition, vanité, déraison t'éloignent de cette voie sur laquelle tu t'étais engagé. Nul ne peut la parcourir à ta place et le mot du Maître se trouve plus loin sur ton chemin. Persévère, travaille, cherche et tu trouveras.

Mais Otéfut n'entend rien, d'un geste fanatique il frappe avec le levier qui atteint la nuque du Maître.

- Un outil lui aussi!

Le coup est fulgurant, douloureux.

- Construire, détruire avec le même objet! Sublimation et perversion se présentent de la même façon. J'avais raison. Mes colonnes ne le démentent pas. Pervertir l'usage du levier retire tous les fruits de l'enseignement. Cet homme est redevenu profane.

Hiram cherche maintenant à échapper à ce qui se referme sur lui. Ces compø impatients et exigeants sont devenus les gardiens d'une ouverture close à jamais. À la porte de l'orient, ultime issue qui évite d'entraîner ses agresseurs vers le *kodech kodechim*, le Saint des Saints, le Maître se heurte à *Habirama* le mineur, appelé aussi *Méthoushaël,* de son autre nom *Hoben*. La voie du compø est stridente comme celle d'un serpent. Hiram mesure d'instinct toute la haine de l'homme. En voyant le maillet qu'il tient dans sa main, il esquisse un sourire malgré la recrudescence de sa souffrance aux deux points d'impact des outils.

- Le symbole du Maître! Ah s'il avait voulu diriger sa pensée vers l'intelligence, la persévérance, la conscience morale, mais son nom, celui qui tue le père, me dit très clairement ce qui va advenir.

Hiram ne doute pas que l'homme cherchera à l'atteindre avec l'outil transformé en arme. Il n'a pas peur. Mais il sait que la mort de l'esprit qu'il lit dans les yeux de son agresseur, c'est sa mort:

- Donne-moi le mot du Maître! Tu ne peux plus t'échapper.

Et sans attendre, avec sa masse, Habirama frappe le Maître au front d'une atteinte mortelle. Ainsi le génie des ténèbres, qui est en chaque être, avait soulevé les passions pour tenter de ruiner l'œuvre, en jetant le trouble parmi les compø qui déjà initiés aux premiers secrets de l'art se regardaient comme victimes de l'injustice et de la partialité parce qu'ils n'avaient pas été reconnus comme Maître.

- Ne pas tomber, ne pas perdre l'équilibre, lutter encore pour être, refuser la menace, ne plus sentir cette paralysie qui m'asphyxie, qui endort ma conscience. Je veux vivre debout. J'ai créé, protégé, aimé. Tous mes gestes de vivre m'abandonnent. Que j'ai mal! Je suis si seul. Il suffirait de dire et on m'aiderait, me soutiendrait, me soignerait peut-être. Ah ces tourments de la trahison où tout s'inverse et de la douleur que je ne maîtrise plus. Compagnons, qu'avez-vous fait de votre enseignement? Vous ne savez pas ce que vous faites Vous êtes devenus chimère à tête de lion et de bouc, et à la queue de serpent. Mes forces me quittent, il suffirait d'un mot, ma vie pour un mot - - - Iod - Hé - Vav - Hé, Iod - Hé - Vav - Hé, 10 , 5 , 6 , 5 ... Les lettres se succèdent et tournent devant ses yeux.

- Mot de passe, mot de Maître, mot-clef pour ouvrir mais aussi pour fermer, pour le passage de ma vie à la mort. C'est toute la connaissance de la doctrine ésotérique qui est contenue dans ces 4 lettres. Nommer, c'est créer, mais prononcer seul le mot, c'est ne rien dire. Et pourtant, il faut que je vive. Je suis dépositaire d'une partie de la parole qui disparaîtra si chacun des dépositaires ne transmet pas son morceau de clef. Cette parole n'est complète que si réunis avec le roi Salomon et le roi de Tyr, nous prononçons ensemble ce qui est imprononçable, seul.

En ce temps, un roi était un initié au plan supérieur qui était coiffé d'une couronne ou d'une tiare et qui était capable d'enseigner suivant la voie initiatique, la voie royale. Le roi de Tyr possédait tous les matériaux de bois et de métal. *En lui la force!* Le roi d'Israël conçut, transforma pour l'élaboration du temple. *En lui la fondation!* Hiram, envoyé de Tyr auprès du roi Salomon, en réalisant l'œuvre ferme le triangle en une synthèse indissociable *avoir-agir-être*.

- Personne ne connaît mon secret. En tant que Maître je dois encore enseigner un autre Maître pour qu'il me remplace et pour que la chaîne ne se brise pas. Il faut que je vive! Mais comment vivre sans dire à celui qui ne peut comprendre. Je n'en connais que les lettres dans leur forme, pas le phonème. Le tétragrammaton ne se prononce pas. Pas de défi à relever, pas de détermination héroïque. De toute façon, ils ne peuvent comprendre. Alors pourquoi ne pas céder? Prononcer au moins une fois pour moi-même. Faire cesser le tourment. Réunir mes forces et dire pour survivre.
Il essaya de respirer: *AUMMM*………
- Dis, vas-y, parle, donne-moi le mot insista le félon.

Hiram ferme les yeux.
- Dire et leur laisser croire que le mot suffit. Non! C'est le mal dans ma chair qui chavire mes pensées. Il faut que le mal se taise. J'ai témoigné en faveur de la connaissance par ma vie, mon œuvre et ma sagesse. Ma mort doit témoigner aussi. Le secret doit-il être préservé au prix de la vie? Le secret vaut-il par lui-même? Ou plutôt par la façon dont on le vit? Ma mort sera garante du secret, même si elle l'efface. J'ai cherché la réponse qui terminerait mon questionnement. Cette réponse ne peut être entendue que de moi. Ce n'est pas celle de l'autre, c'est celle que je fais mienne. C'est ma foi. Je ne la trahirai pas en laissant croire à ce compagnon autre chose. Je suis, même si lui a renoncé à être. Sans ce défi avec l'insupportable, je n'aurais jamais su l'espérance qu'il faut avoir. Ma vie fut comme une journée bien remplie

et maintenant, je puis être las. La loi de l'homme n'est pas la possession, c'est l'attente. Dire serait non seulement me trahir mais trahir aussi l'enseignement donné à mes meurtriers. Je me meurs. Mais essayer, au moins une fois, de prononcer seul l'ineffable. Tenter une ultime sonorité intégrant dans l'unité, peut-être enfin trouvée, la totalité des parties.

Un nuage voila le soleil. En s'affaissant, Hiram murmura une parole qu'Habirama n'entendit pas. Elle se perdit dans la mort. L'avait-il prononcé ce mot du Mø ou bien son dernier souffle fut-il pour dire *«vanité des vanités»* ou bien *«buttom of rose»* ou tout autre mot d'un rêve désormais impossible. En mourant Hiram entra dans la lumière et la parole fut perdue.

En apprenant la mort d'Hiram, Salomon fut obligé de remplacer la parole perdue par un vocable de substitution: les premiers prononcés par les MMø qui découvrirent le corps du mort scellèrent à nouveau le secret de la maîtrise; c'est ce que nous disent les rituels maçonniques.

Voilà! «Inventer, frénétiquement inventer, sans se soucier des liaisons, jusqu'à ne plus parvenir à faire un résumé. Un simple jeu de relais, entre emblèmes, l'un qui dise l'autre, sans trêve. Décomposer le monde en une sarabande d'anagrammes en chaîne, et puis croire à l'inexprimable[61]».

N'est-ce pas la vraie lecture de la Thora?

Mais nous nous posons des questions.

Comment se fait-il que, sachant que la parole ne pouvait être que par la réunion du 3 (le roi Salomon, le roi de Tyr et Hiram), comment se fait-il qu'aucun d'entre eux n'ait pensé à transmettre sa propre connaissance à un disciple pour que

---

[61] Umberto Eco, Le pendule de Foucault.

la chaîne ne se brise pas en cas de disparition? Était-ce se croire immortel?

Il semble que le nouveau mot du Maître soit partagé par plus de trois Maîtres. Dans le rituel du Rite Écossais Ancien Accepté, tous ceux qui assistent à l'élévation du corps sont témoins du mot secret (le Grand Expert, les 3 Maîtres qui gardent le cadavre, le 2ème Surveillant, le 1er Surveillant, 7 Maîtres qui délimitent la chambre du milieu. C'est dire que tous les Maîtres ont accès cette parole! Il y avait donc auparavant une hiérarchie implicite du fait du secret. Celui qui dirige les travaux est-il plus qu'un Maître? Pour nous, il n'y a rien au-dessus du Maître.

Alors que peut signifier que 3 seulement avaient accès à une connaissance secrète? Considérant que chez les Hébreux, le grand prêtre, le *Cohen Gadol,* était seul détenteur de la prononciation orthoptique et totale du mot sacré qu'il vocalisait une fois par an dans le Saint des saints, cela pourrait vouloir dire que la parole ne fut pas perdue et que si Salomon la substitua, c'est qu'il pensait que son Maître d'œuvre avait cédé à la pression de ses agresseurs.

Ainsi en passant d'un plan d'analyse (le réel) à un autre (le symbolique) et en les confondant dans le raisonnement, on finit par dire presque tout ce que l'on veut et même son contraire. En tout cas, c'est ce genre d'interrogation qui s'impose à la lecture de la légende d'Hiram que nous avons revisitée. Il y a plusieurs tentations d'Hiram évoquées par notre travail:

- Celle de retourner dans son pays pour poursuivre une œuvre. Elle est désir.

- Celle que nous n'avons fait qu'effleurer, mais pas retenue, elle est celle de parler pour céder à la menace des compø

- Enfin deux ultimes tentations semblent intéressantes: celle de parler pour survivre et sauver le secret qui est dans une

triangulation symbolique des deux rois d'Israël et de Tyr et de Hiram qui est la synthèse des dualismes.
- Celle de prononcer, à lui tout seul, la parole interdite. C'est là à la fois un péché d'orgueil, peut-être, mais surtout une curiosité métaphysique de résonner au plan cosmique avec le nom de l'Ineffable.

Hiram, personnage mythique, incarne pour la Franc-Maçonerie un syncrétisme de ces êtres qui doivent mourir pour ressusciter, pour fonder un courant de Tradition. Cet Hiram-là n'a pas pu avoir l'ultime tentation de prononcer, seul, l'imprononçable. Cela n'a été qu'un artifice psychologique pour nous interroger, car Hiram, en tant qu'initié, sait l'abomination que serait la compréhension littérale de la fiction mythique. Tous les termes désignant le mystère, l'esprit, l'être, la substance, le Un, l'essence, l'alpha et l'oméga, sont des vocables chosifiant ou personnifiant. Seul existe le mystère immanent à l'existence, l'organisation harmonieuse de l'univers et l'émotion humaine devant cet aspect mystérieux auquel participe tout ce qui existe réellement (êtres et choses). Le nom «Dieu», s'il n'est pas abusivement employé, ne signifie absolument rien d'autre que l'émotion devant l'inexplicable[62].

Le créateur et le juge du monothéisme (iod, hé, vav, hé) sont unis en un seul symbole dont la signification est le mystère de l'existence, dans lequel est inclus le mystère de la vie humaine. En conséquence le nom «Dieu» implique la responsabilité du choix entre le bien et le mal, ce qu'attestent les Tables de la loi mosaïque. Nommer, c'est faire exister. Du latin *exsistere*, exister se comprend comme «sortir de, s'élever de». L'existence est donc imaginée

---

[62] Voir le chapitre *La parole qui ne peut être prononcée: le Tétragramme* du Livret *Luminescence des paroles et des silences* de la Collection Vagabondages maçonniques.

comme sortie de l'harmonie infinie. L'expulsion, autant dire l'émanation à laquelle la racine du terme «exister» fait allusion n'est pas forcément une réalité, mais une image rejoignant l'image personnifiante des mythes, du symbole du créateur. Pour nous, elle n'est pas explicative. Salomon dit: «l'image s'efforce d'exprimer l'incommensurable. Jérusalem, (la culture hébraïque) sera détruite, comme toute culture, lorsque l'abomination s'installera dans le Temple, lorsque le nom de Dieu sera pris pour le nom vivant». L'abomination serait d'employer le nom sans référence aux mystères. Quelle vanité pourrait être plus grande que la prétention d'une spéculation métaphysique qui non seulement voudrait prononcer le nom Dieu, mais qui, ignorant la signification symbolique, affirmerait en le prononçant la confusion entre le symbole et le mystère nommé Dieu?

Les centres d'enseignement d'initiation appelés Mystères existant en Égypte, en Grèce, et chez tous les peuples de haute culture, avaient pour but de réveiller l'émotion devant le mystère de l'harmonie universelle, à laquelle l'homme, pour son bien essentiel, doit s'incorporer par voie d'auto-harmonisation;d'où s'ensuit le sentiment vivant de l'éthique immanente, véritable religiosité. Hiram, initié, sait que cela ne se prononce pas, non parce qu'il y a interdiction, mais parce qu'il y a impossibilité.

Aujourd'hui, la tentation de certains francs-maçons est de croire savoir prononcer les noms Liberté, Égalité, Fraternité, Tolérance et de se contenter de ces murmures incantatoires en pensant que cela suffit pour les faire exister.

9 DES HISTOIRES SEMBLABLES À CELLE D'HIRAM

L'objet des légendes maçonniques n'est pas d'établir des faits historiques mais de véhiculer des doctrines philosophiques.

L'aire géographique de la Maçonnerie, c'est, en gros, le monde de la Bible, ou ce qu'on appelle encore «le monde connu des Anciens», en somme le bassin méditerranéen, avec des prolongements plus ou moins avancés, au nord, dans le continent européen. Les traditions auxquelles la Maçonnerie est «unie par de multiples liens», sont donc, parmi les traditions vivantes, le Judaïsme, le Christianisme et l'Islam, et, parmi les traditions moins répandues, les traditions égyptienne, gréco-latine et celtique. C'est donc là que nous retrouvons des histoires qui racontent l'unité et l'identité fondamentales des traditions qui toutes n'ont pas manqué de soulever la question de la violence, du meurtre et du relèvement de l'assassiné. C'est par le mythe que se vit réellement l'expérience de mourir et ressusciter, d'être au bord de la mort et revenir.

L'époptie d'Hiram présentée aux francs-maçons, dès le 3ème degré, soulève également la question de la violence, du meurtre et du relèvement de l'assassiné. C'est pourquoi, je vous propose d'explorer quelques contes, légendes et mythes qui dans leur récit montrent à l'évidence des analogies avec celui d'Hiram.

LE CONTE (ou la fable) est une narration qui se transmet dans le temps par le biais de l'oralité. Il est né de l'oubli progressif du caractère religieux du récit.

Le conte apparaît comme le miroir de l'homme, dévoilant ses défauts et ses haines, mais faisant connaître aussi la force de ses idéaux. Pour Bruno Bettelheim «Tel est exactement le message que les contes de fées, de mille manières différentes délivrent à l'enfant: que la lutte contre les graves difficultés de la vie est inévitable et fait partie intrinsèque de l'existence humaine , mais que si , au lieu de se dérober , on affronte fermement les épreuves attendues et souvent injustes , on vient à bout de tous les obstacles et on finit par remporter victoire.»
Le conte est un récit court appartenant à l'univers de la poésie. Avant le XIXe siècle, il fait partie du registre du merveilleux, ensuite de celui du fantastique.
Tout ce qui est décors fabuleux ou terrifiants, fées, magie, dragons, génies et elfes, constitue ces contes qui séduisent l'imagination, sans inquiéter plus qu'il n'en faut, pressentant un dénouement heureux. Le conte nous emmène parfois dans des contrées fabuleuses où le temps n'existe pas.

Conte d'Alice aux pays des merveilles
Écrit en 1865 par Charles Lutwidge Dodgson, sous le nom d'emprunt de Lewis Caroll (franc-maçon?), le conte *d'Alice aux pays des merveilles* est un texte surréaliste dont une analyse peut être appréciée grâce aux illustrations de l'auteur.
Ce conte peut, aussi, être interprété comme une suite d'évènements en rapport avec l'initiation maçonnique, dévoilant le parcours intérieur de l'Initié. Une plaisante

suggestion herméneutique peut être visionnée comme la suite de la vidéo précédente.

Conte de Blanche-Neige

Blanche-Neige apparaît comme initiée en effectuant les voyages symbolisés d'abord par la fuite au travers de la forêt considérée comme une descente aux enfers, puis par le travail, comme le ménage, dans la maison des nains, ensuite par la mort à laquelle elle échappe grâce à la bonté d'âme du chasseur, enfin par la résurrection sous forme de réveil entouré d'animaux dans un climat rassurant bercé de lumière et de tranquillité.

Lors de sa rencontre avec les sept (7) nains, Blanche-Neige personnifie la domination de l'âme spirituelle sur les facultés de l'âme individuelle représentée par eux.

L'héroïne accède à un niveau spirituel avec sa seconde mort initiatique, lors de son empoisonnement par la reine. La reine, qui apparaît désormais sous l'aspect d'une sorcière, incarne les possibilités infernales de l'être humain, prenant alors une dimension satanique pour disparaître, toutefois, dans le néant (chute dans le ravin, symbole illusoire de telles possibilités) poussée par les nains (symboles des facultés de l'âme humaine pouvant anéantir le mal).

Travaillant dans les mines, les 7 nains ont souvent été considérés comme une représentation alchimique des 7 métaux:sept métaux (l'or, l'argent, l'étain, le cuivre, le fer, le plomb, le mercure) plomb, étain, fer mercure, cuivre, argent, or.

Blanche-Neige aura atteint dans un premier temps la mort de l'état profane, au travers de sa fuite dans la forêt et, dans un second temps, la mort de l'individualité en croquant la pomme. Elle renaîtra sous le baiser du cavalier divin, éclairé par les rayons de l'astre de lumière. Quant aux nains, devenus symboles des puissances de l'âme, ils demeurent seuls, dans un monde parallèle, hors d'atteinte.

La reine vaniteuse, jalouse et destructrice est contrainte de chausser des escarpins rougis au feu et de danser avec eux jusqu'à la mort.

Le conte dit de façon symbolique que si nos passions ne sont pas réfrénées et contrôlées, elles finissent par nous détruire.

Comme de nombreux contes, Blanche-Neige montre que changer c'est devoir abandonner quelque chose dont on a joui jusqu'alors, au prix d'expériences difficiles et douloureuses qui ne peuvent être évitées.

LA LÉGENDE , du latin *legenda,* est ce qui doit être lu. C'est ce sens du mot légende qui correspond à une explication, un commentaire ajouté à un dessin, un plan. De manière populaire le mot «légende» est devenu un récit traditionnel où le réel est déformé et embelli,

Contrairement aux contes qui se déroulent dans le monde de l'imaginaire, les légendes ont un caractère vraisemblable et font le récit d'évènements qui ont eu lieu ou qui auraient pu avoir lieu.

La légende contient des éléments du merveilleux et repose dans certains cas sur des faits historiques qui ont été transformés par des croyances, ou par l'imagination populaire, ou par l'invention poétique.

La forme de la légende est simple et son objet essentiel est le miracle.

À l'origine, la légende racontait la vie des saints. De nos jours, il s'agit de récits merveilleux d'un événement passé fondé sur une tradition authentique mais souvent modifiée au fil du temps. À la différence du mythe, la légende ne repose pas sur les divinités.

Nous ne trouvons que deux fables dans toute la Bible: celle des arbres choisissant un roi (Jug 9:8,15) et celle de l'épine et du cèdre (2Ro 14:9). Mais il existe de nombreuses légendes contenues dans ce que l'on désigne sous le nom de *Hagada.* «Esdras, ses disciples et leurs successeurs, qu'on désigne par le nom de «Sopherim» (hommes du Livre, commentateurs de la Loi), procédèrent à la rééducation du peuple [les Judéens de retour de l'exil à Babylone] au moyen de lectures publiques de la Bible traduite en araméen et accompagnées d'explications, de commentaires et de paraphrases. Cette lecture de la loi avait lieu toutes les semaines, les jours de fêtes, les samedis et les jours de marchés, afin que les "gens de la campagne puissent, en s'y rendant, profiter de cet enseignement. En même temps qu'on l'expliquait, on faisait des sermons sur le texte biblique (homélies), on l'illustrait d'anecdotes et de paraboles, dont un grand nombre s'est conservé»[63].

La Légende de Maître Jacques

Le compagnonnage du Devoir (ou du Saint-Devoir de Dieu comme on le nomme parfois) prétend avoir été créé par un personnage fabuleux nommé Maître Jacques.

Dans l'antique tradition des Compagnons passants de la fraternité dite des «enfants de Maître Jacques», et chez les actuels Compagnons passants des devoirs, Jacques est un pyrénéen originaire de Carte. Il fut mandé par Hiram de Tyr, pour le compte du roi Salomon, afin de construire le Temple de Jérusalem aux alentours de 900 avant Jésus-Christ. C'est un jars, un maître tailleur de pierres, initié à la nature de la pierre et la légende note bien qu'il taillait la pierre depuis l'âge de quinze ans. Cette même légende donne Maître Jacques comme responsable de la colonne Jakin et peut-être également de la colonne Boaz du premier

---

[63] La formation du mariage en droit biblique et talmudique: <tinyurl.com/Droit-biblique>.

Temple de Jérusalem. Pour Perdiguier, il bâtit deux colonnes dodécagones, la colonne Vedrera et la colonne Macaloe. Sur ces colonnes étaient sculptées diverses scènes de l'Ancien Testament: la chute d'Adam et Ève, le songe de David ainsi que des épisodes de la vie de Maître Jacques lui-même.

Certains légendaires racontent que, le Temple achevé, Jacques quitta la Judée en compagnie d'un autre maître, Soubise, avec lequel il se brouilla bientôt et dont il se sépara. Le navire qui portait Soubise aborda à Bordeaux. Jacques débarqua à Marseille avec ses treize compagnons et ses quarante disciples. Il voyagea encore trois années pendant lesquelles il eut à se défendre contre les embûches des disciples de Soubise qui un jour l'assaillirent et le jetèrent dans un marais; il parvint à se cacher derrière des joncs. Ses disciples arrivèrent et le secoururent. Enfin Jacques se retira en Provence dans l'ermitage de la Sainte-Baume. L'histoire de sa fin paraît avoir été calquée sur le récit de la Passion du Christ. Un de ses disciples, l'infâme Jéron (nommé aussi Jamais), le trahit. Un matin, alors qu'il était en prières dans un lieu écarté, Jéron vint le trouver, lui donna le baiser de la paix, c'était le signal convenu. Cinq assassins se jetèrent sur Maître Jacques et le percèrent de cinq coups de poignard. Il vécut cependant encore quelques heures et put, avant d'expirer, faire ses adieux aux compagnons tardivement accourus. Au moment de mourir, il donna le baiser de paix à ses frères et leur recommanda de le donner aux futurs initiés afin que la tradition ne soit pas interrompue: «s'ils sont fidèles à leur Devoir, je les protègerai.»

Maître Jacques, assimilé à Osiris, fut symboliquement découpé en morceaux, son chapeau alla aux chapeliers, sa tunique aux tailleurs, son manteau aux menuisiers, sa ceinture aux charpentiers, son bourdon aux charrons et ses sandales aux serruriers. Ce qui fut dispersé c'est ce qu'il représentait: tous les corps de métiers.

La Légende de Melchisédech

Hénoch, après avoir visité la création et discuté avec dieu, est retourné auprès de sa famille afin de régler ses affaires et transmettre les livres qu'il a écrits à son peuple. Dieu lui avait donné 30 jours avant de le rappeler à lui. Après moult conseils, préceptes et exhortations, Hénoch parti, ce fut Mathusalem qui devint prêtre et remplaça son père Hénoch. A la mort de Mathusalem (oui, oui, …), c'est Nir qui devint prêtre.

Ce dernier avait une femme, Sophonim. Celle-ci trop âgée pour enfanter, délaissée par son prêtre d'époux depuis qu'il fut désigné comme prêtre par dieu, était malgré tout enceinte. Nir finit par le découvrir, échangea quelques mots avec son épouse qu'il accusa, bien sûr, d'infidélité. Celle-ci lui expliqua qu'elle ignorait tout de son état. Elle finit par tomber aux pieds de Nir, morte. Nir, fortement perturbé – on peut le comprendre – appela son frère Noé. Celui-ci rassurant, proposa d'aider Nir à creuser une tombe en secret pour son épouse décédée et, surtout, sa grossesse qui arrivait à terme. Les deux hommes étendirent Sophonim sur un lit, l'habillèrent de noir et partirent creuser une tombe.

Or, de retour dans la pièce où ils avaient laissé le corps de Sophonim, ils découvrirent un jeune enfant. Ce dernier, venant de naître, se tenait assis, parlait et louait dieu. Les deux hommes lavèrent et habillèrent l'enfant de vêtements de sacerdoce (prêtre). Ils changèrent Sophonim pour la revêtir de plus beaux vêtements, et lui construire un autre tombeau plus glorieux et moi anonyme. Enfin, ils appelèrent l'enfant Melchisédech. Et Noé dit à son frère: «Garde l'enfant en cachette jusqu'au moment favorable, parce que le peuple est devenu méchant sur toute la terre, et de quelque façon;le voyant, ils le feront mourir».

Nir s'occupa ainsi de Melchisedech. Or, le temps était passé, la destruction promise par dieu étant inéluctable, Nir demanda à dieu de sauver l'enfant du massacre à venir. Dieu

– qui était bien plus loquace dans ces temps reculés qu'il ne l'est aujourd'hui – lui répondit:

«[…] mais pour l'enfant n'ait pas de souci, Nir, parce que moi, dans peu de temps, j'enverrai mon archistratège Michel, et il prendra l'enfant et le placera dans le jardin d'Eden […] et il sera mon prêtre des prêtres, je le sanctifierai;et je le changerai en un grand peuple qui me sanctifiera.» Nir bénit dieu – et la précision sur la naissance qu'il donne ne manque pas de piquant: «[…] parce que ta parole a donné un grand prêtre dans la matrice de Sophonim ma femme. Car je n'ai pas de descendance et cet enfant me tiendra lieu de descendance, il deviendra comme mon fils, et tu le compteras parmi tes serviteurs […] et Mélchisedech sera la tête des prêtres dans une autre race.» Quarante jours après cet échange, l'Ange Michel fut envoyé, comme prévu, récupérer l'enfant. Dans un premier temps, Nir ne le reconnut pas, refusa de le remettre craignant que l'enfant soit tué par le «peuple pervers»[64].

La **Légende de Renaud de Montauban**

La légende du maître d'œuvre Renaud de Montauban, bâtisseur de la cathédrale de Cologne est très proche du mythe d'Osiris. Trahi et assassiné par des ouvriers, il fut jeté dans le fleuve. Les poissons se rassemblèrent pour sortir son corps hors des eaux, corps illuminé par trois cierges. Une autre légende raconte que ce fut une femme, allusion à Osiris, qui découvrit le corps. Dans le *Tiers Livre*, Rabelais évoque la légende de Renaud de Montauban qui aurait tué un neveu de Charlemagne. Une miniature célèbre, construite comme un échiquier, montre «comment Renaut occit Berthoulet, le neveu de Charlemagne, en jouant aux échecs». Puis il se serait réfugié sur le chantier de la future cathédrale

---

[64] Résumé écrit par La Maçonne à partir du texte du *Livre des secrets d'Hénoch, Naissance miraculeuse de Melchisédech*, page 21: <tinyurl.com/Secrets-d-Henoch>.

de Strasbourg. Il se serait conduit comme un excellent ouvrier mais, victime de la jalousie de ses collègues, aurait été assassiné. Ce thème sera repris dans la Maçonnerie du XVIIIe siècle avec l'allusion au meurtre d'Hiram, l'architecte en chef de Salomon.

La légende d'Œdipe

Le Parricide contrairement au fratricide fait la place à la disparition d'une hiérarchie surplombante. Cette hiérarchie ou cette autorité est une sous-représentation du divin. Hiram est un artifex, tout comme Hiram de Tyr est Rex et Salomon est Rex-Pontifex.

Dans la mythologie grecque, Œdipe était le fils de Laïos et de Jocaste. Pour échapper à la prédiction d'Apollon, qui prétendait qu'il serait tué par son propre fils, Laïos ordonna à un serviteur d'abandonner l'enfant sur le Mont Cithéron, avec ses deux pieds cloués, pour qu'il soit dévoré par les bêtes sauvages. Mais, au lieu de cela, le serviteur le confia à un berger qui plus tard le donna au roi de Corinthe Polybe et à sa femme Mérope, sans descendance. Ils l'appelèrent Œdipe (*Oidipous* signifiant pieds enflés) et l'élevèrent comme leur fils. Œdipe grandit et des rumeurs laissent entendre qu'il n'est pas le fils de ses parents. Il presse Mérope de lui dire la vérité, mais les réponses de cette dernière sont énigmatiques. Il consulte alors la Pythie de Delphes (son voyage à Delphes, qu'il entreprit seul, avait pour but de lui permettre d'entendre l'oracle d'Apollon, le dieu de la Lumière et de la Vérité) qui prédit, sans lever le secret de ses origines, qu'il tuera son père et épousera sa mère.

Son parcours le conduit ensuite près du Mont Cithéron où il avait été exposé à la mort lorsqu'il était enfant. Ce lieu néfaste représente en réalité la remise en acte de ce qui s'était produit des années auparavant, à cet endroit précis, dans des circonstances qui furent gravées dans sa mémoire de manière ineffaçable. Se rappelant la malédiction fatale de la prophétesse, Œdipe entend résonner la sentence de mort énoncée par son père. Œdipe fut pris de vertige, ce qui confirme l'émergence du traumatisme précoce. En sortant du temple, il revit la dissociation des émotions générées par l'acte brutal, raison pour laquelle il lui sembla que son cœur devenait pierre. Au carrefour, un vieil homme arrogant et vindicatif qui se trouve devant Œdipe n'est autre que Laïos, son bourreau, entouré de ses hommes de main. Le fils est maintenant un guerrier porté par l'énergie de sa rage si longtemps réprimée. Il peut revivre l'extrême violence qui lui fut infligée par ces mêmes protagonistes et résoudre enfin l'origine même de sa névrose. Lorsque son père lève sa main, il se soustrait à la mort en assommant celui-ci et en tuant ses gardes du corps. Son emportement fatal révèle, en fait, la brutale cruauté de l'ordre patriarcal incarné par le père.

Comme Freud, qui pensa Œdipe à partir de celui de Sophocle, le psychiatre japonais Kosawa aborda le complexe d'Ajase à partir d'un mythe tiré d'un récit du moine bouddhiste Shinran qui vécut au XIIe siècle. On y retrouve l'ambivalence, le meurtre, le destin et une notion connue sous l'expression «rancune prénatale».

En reprenant ce type de motif allégué dans ces légendes, les mauvais compagnons, qui tuent le maître, ne seraient-ils pas des travailleurs opprimés par un mauvais patron qui refusait toute augmentation de salaire? Ne seraient-t-ils pas les révoltés d'un ordre pesant, injuste et fermé? Les rites de restructuration et de purification ne relèvent-ils pas d'un sentiment de culpabilité, voire d'une psychose obsessionnelle?

La légende des Quatre couronnés

Ces saints étaient quatre frères dont les noms furent longtemps ignorés. On les appela les *Quatre Couronnés* parce qu'ils reçurent la palme du martyre et furent couronnés au

Ciel en 304. Leur apologie se trouve, entre autre, dans le *Manuscrit Régius* de 1390 (au quinzième point)[65].

On les confond souvent avec les saints Claude, Nicostrate, Symphorien et Castorius (et Simplice qu'ils convertirent) qui étaient les merveilleux sculpteurs de Rome et qui furent condamnés, par Dioclétien, au supplice pour avoir refusé de sculpter l'image du dieu Esculape, considérant qu'il s'agissait d'une idole. Les cercueils de plomb, où ils furent enfermés encore vivants, furent retrouvés par un certain Nicomède qui inhuma leurs dépouilles chez lui. Deux ans plus tard, ayant fait édifier un temple dédié au culte d'Esculape, Dioclétien ordonne à ses légionnaires de rendre hommage au dieu de la médecine. Quatre soldats, eux aussi convertis au christianisme, refusent de participer aux sacrifices. Ils sont arrêtés et battus à mort. Leurs noms ne seront connus que plus tard: Second, Sévérien, Carpophore et Victorien. Entre-temps, sculpteurs et soldats auront été inscrits au martyrologue chrétien sous l'appellation des Quatre couronnés (Guy Chassagnard).

Par suite de cette confusion, les premiers sont devenus les patrons des constructeurs et des statuaires et, en général, des maçons, sculpteurs, tailleurs de pierre. On leur donne souvent pour attributs un maillet, une équerre, une règle ou même une couronne sur la tête comme on le voit parmi les enluminures du *Bréviaire d'Isabelle de Castille*[66] Dans toute l'Europe les activités des architectes, tailleurs de pierre et des maçons étaient sous la protection des quatre Saints Couronnés.

Voici comment la *Legenda Aurea* (XIIIᵉ siècle) de Jacopo da Varagine nous décrit l'histoire hagiographique des Quatre Couronnés: «Les quatre couronnés furent Sévère, Séverin,

---

[65] <tinyurl.com/Manuscrit-Regius>.

[66] *Bréviaire d'Isabelle de Castille*, 1490, p. f.484v: <tinyurl.com/breviaire-Isabelle-de-Castille>.

Carpophore et Victorin qui, par l'ordre de Dioclétien, furent fouettés à coups d'escourgées de plomb jusqu'à ce qu'ils en moururent. D'abord leurs noms furent inconnus, mais longtemps après Dieu les révéla. On décida donc que leur mémoire serait honorée sous les noms de cinq autres martyrs, Claude, Castorius, Symphorien, Nicostrate et Simplicien, qui souffrirent deux ans après eux.

Or, ces derniers martyrs étaient d'habiles sculpteurs qui ayant refusé à Dioclétien de sculpter une idole, et de sacrifier aux dieux, furent mis vivants, par ordre de cet empereur, dans des caisses de plomb et précipités dans la mer vers l'an du Seigneur 287. Le pape Melchiade ordonna d'honorer sous les noms de ces cinq martyrs les quatre précédents qu'il fit appeler les quatre couronnés, avant que l'on découvrît leurs noms; et l'usage en a toujours prévalu, même quand on eut su comment ils se nommaient réellement.»

Seule la France n'a pas adopté ce patronage pour les corps de métier du bâtiment, ayant choisi comme patron saint Thomas.

La première Loge maçonnique à avoir consacré ses travaux à la recherche maçonnologique, porte le nom de *Quatuor Coronati Lodge* n°2076; elle fut fondée en 1884, sous les auspices de la Grande Loge Unie d'Angleterre.

LE MYTHE vient du grec muthos, récit, fable ou parole. C'est un récit anonyme et collectif qui remplit une fonction socio-religieuse. Il sert le plus souvent d'élément de cohésion entre les individus d'un groupe. Le mythe met en scène des personnages le plus souvent surhumains qui ont des pouvoirs surnaturels mais avec des comportements et des sentiments humains. Le mythe est une parole, une fable qui se réfère à des événements anciens chargés de sens. Dans les sociétés primitives, il sert d'explication du monde, rapportant comment les choses ont commencé et pourquoi les hommes en sont là aujourd'hui. Il est tenu pour absolument vrai et récité dans des circonstances bien précises, ce qui le distingue de la fable, du conte et de toutes les histoires inventées. Dans sa composition, il est le plus souvent très court et d'un agencement parfait. Chaque détail est chargé d'une signification intense.

Les sociétés industrielles ont relégué les mythes dans le domaine de la poésie et de l'imaginaire. Ils restent cependant l'expression d'une culture, ils expriment les aspirations profondes de l'inconscient humain et mettent en scène des situations éternelles. La pensée scientifique n'a pas réussi à faire disparaître les mythes malgré la tension entre les promesses de sens du potentiel métaphysique des mythes (muthos) et l'exigence de leur validation dans un discours rationnel et cohérent (logos).

On distingue les mythes qui racontent la naissance des dieux (théogonie), ceux qui expliquent l'origine du monde (cosmogonie), ceux qui explorent le sort de l'homme après la mort (eschatologie) et les autres, tels les mythes de la naissance et de la renaissance (éternel retour), les mythes du héros civilisateur ou culturel (Prométhée) ou encore les mythes de fondation (fondation de Rome par Romulus et Remus). Les trois premières catégories entretiennent des rapports étroits avec les religions;de nombreux rites religieux, en effet, reproduisent certains aspects ou certains détails des mythes. Les mythes qui ne relèvent pas des catégories ci-dessus font l'objet de récits folkloriques, de chants poétiques élaborés, qu'on trouve chez les peuples les plus divers, tels ceux que transmettaient les aèdes dans la Grèce antique ou ceux que continuent de transmettre les griots africains de nos jours. Les Myhtes et légendes nous ont été transmises dans les écrits de plusieurs anciens auteurs qui nous restent. Homère et ses *Iliade et Odyssée*, Hésiode dans sa *Théogonie*, Ovide dans ses *Métamorphoses…*

Dans les sociétés où les mythes sont encore vivants, les indigènes distinguent soigneusement: les mythes «histoires vraies» des fables ou contes «histoires fausses». Les Anciens considèrent comme histoires vraies toutes celles qui sont relatives aux origines du monde, c'est-à-dire toutes celles qui traitent du sacré ou du surnaturel. Dans les histoires fausses, en revanche, le sujet est profane. C'est la raison pour laquelle on ne peut pas raconter indifféremment les mythes. Dans certaines traditions ils ne peuvent être racontés que devant les initiés. Généralement, les vieux instructeurs communiquent les mythes aux néophytes durant leur période d'isolement, ceci faisant partie de leur initiation.

Le mythe d'Osiris

Une des narrations les plus complètes du mythe d'Osiris est celle de Plutarque, dans son *De Iside et Osiride,* dont il a eu, on ne sait comment, une connaissance plus complète qu'aucune source égyptienne, y compris celle des *Textes des Pyramides.* Les autres sources possibles sont: le *Livre des Morts,* les textes d'une stèle qui se trouve au Louvre, d'autres textes divers de l'Égypte antique, les recherches de spécialistes de l'Égypte ancienne.

Alors qu'il revient victorieux d'une longue campagne de conquêtes, Seth profite des fêtes organisées à cette occasion pour inviter son frère Osiris à un banquet. Au cours de la soirée, il le met au défi de s'allonger dans un grand coffre. Lorsque ce dernier y fut couché, Seth l'enferme et jette le coffre dans le Nil.

Isis, la Sœur-Épouse d'Osiris, part à la recherche de son âme afin de le ramener à la vie. Isis déchire ses vêtements et parcourt le monde à la recherche du coffre dans lequel «le Bienveillant» a été enfermé. Cependant de retour, elle ne ramènera pas Osiris car ceux qui descendent en ces lieux ne peuvent pas revenir et c'est seulement l'amour d'Isis, symbole de la régénération et de la vie éternelle qui permettra de retrouver le corps. Durant le voyage d'Isis aux enfers, le coffre contenant le corps, entraîné par la mer, atteint les côtes de Phénicie où il s'échoue aux pieds d'un acacia, ou d'un tamaris, selon les versions. La quête dura si longtemps que le tronc de l'acacia recouvrit la boite contenant le corps d'Osiris.

Le roi de Byblos, occupé à faire construire son nouveau palais, fait abattre l'arbre afin d'en faire l'une des deux colonnes qui doivent en décorer l'entrée. Isis entend parler de l'odeur qui s'échappait du tronc alors qu'on le coupait. Elle en comprend aussitôt la signification et se rend en Phénicie où on lui remet la colonne prodigieuse. Elle ouvre la colonne de bois et en retire le cercueil de son époux qu'elle arrose de ses larmes. Elle le ramène en Égypte et le cache au fond des marais afin que Seth ignore que le corps a été retrouvé. Mais au cours d'une chasse, ce dernier découvre le coffre. Furieux qu'Osiris soit encore entier malgré le temps écoulé, il décide de découper le cadavre en quatorze morceaux qu'il disperse à travers le pays. Le nombre de morceaux du corps d'Osiris varie selon les sources, de quatorze à quarante-deux. Les deux versions du Papyrus Jumilhac mentionnent quatorze morceaux collectés par Isis en douze jours, ce qui correspond à la durée de la fête du labour. Selon Diodore de Sicile, Typhon (autre nom de Seth, frère d'Osiris, principe du mal, des ténèbres et de la stérilité) découpa le corps de sa victime en vingt-six morceaux, un par conjuré. On donna à chacun une apparence momiforme avant de l'ensevelir. Enfin, la géographie sacrée d'Edfou mentionne autant de morceaux que de nomes (circonscriptions administratives de l'Ancienne Égypte), soit quarante-deux. Le corps démembré d'Osiris, dont l'inondation refait l'unité, se confond ainsi avec la terre d'Égypte. Ici, les quatorze morceaux représentent ceux qui sont retirés à la lune, dans la phase descendante, jusqu'à sa disparition totale. La quête d'Isis et la reconstitution du corps illustrent, au contraire, la phase ascendante, jusqu'à la réapparition de la pleine lune, reconstituée, l'œil oudjat.

Isis se met à la recherche des morceaux. Elle les retrouve tous à l'exception du sexe, dévoré par un oxyrhinque (ou un brochet du Nil). Aidé par Anubis, Thot et Nephtys, elle recompose le corps démantelé en douze parties et le momifie. Ramené à la vie par ces pratiques et désormais à l'abri de la mort, Osiris se retire dans les mondes souterrains, il laisse alors le trône du monde visible à son fils Horus qui deviendra le modèle des rois à venir.

C'est au 17ème jour du mois d'Athyr que la mythologie égyptienne place la mort d'Osiris: c'est l'époque où la pleine lune est surtout visible. Aussi les Pythagoriciens appellent-ils ce jour «interposition», et ont-ils pour le nombre 17 une complète répugnance. En effet, entre le carré seize (4×4) et le rectangle dix-huit (6×3), qui sont les seuls nombres de surfaces planes dont les périmètres se trouvent égaux à leurs aires, vient tomber le nombre dix-sept qui disjoint ces deux nombres, s'interpose entre eux et divise leur rapport en deux parties inégales.

Ainsi, sorti de sa gangue d'acacia, dépecé et recomposé, avec l'aide de trois autres divinités, Osiris sera relevé et momifié (le papyrus du *Livre des Morts* d'Ani, découvert à Thèbes en 1887 par Wallis Budge comporte une invocation toute spéciale: *Hommage à toi, ô seigneur de l'Acacia*). *C'est seulement à l'issue de cette restructuration et de cette préparation à l'éternité qu'Osiris pourra reprendre son voyage. Ses os sont d'argent, ses chairs d'or, ses cheveux de lapis-lazuli.*

Platon, Thalès, Eudoxe, Apollonius et Pythagore avaient rapporté d'Égypte ce principe, vrai ou faux, que dans l'économie de l'univers la vie sort du sein du trépas;ce principe fut présenté sous l'allégorie d'Osiris expirant pour renaître sous le nom d'Horus.

Le 3ème grade se nommait en Égypte «porte de la mort». Le cercueil d'Osiris, dont l'assassinat était supposé récent, s'élevait au milieu de l'emplacement où se faisait la cérémonie. On demandait à l'aspirant s'il avait pris part au meurtre d'Osiris. Il était frappé, ou on feignait de le frapper, à la tête d'un coup de hache, il était renversé, couvert de bandelettes de momie, des éclairs brillaient, le mort supposé était entouré de feu puis rendu à la vie[67].

Assimilé à Dionysos, Osiris illustrait la théologie néo-orphique: la cosmogonie conçue comme un autosacrifice de la divinité, comme la dispersion de l'Un dans le Multiple, suivie par la «résurrection», c'est-à-dire par le rassemblement du Multiple dans l'Unité primordiale.C'est ainsi que G. Mackey évoque le rapprochement des Mystères d'Osiris de ceux de la Franc-maçonnerie[68].

Osiris fut très tôt comparé au grain de blé enseveli (mourant), germant et réapparaissant à la lumière solaire, prêt à être la nourriture essentielle des hommes. De nombreuses illustrations représentent la momie du dieu couverte de grains de blé, ou de jeunes tiges de blé émanant de son corps allongé. Parce qu'il était l'image des cycles de la nature, on creusa dans la pierre des formes d'Osiris que l'on remplissait de terre, et dans lesquelles on répandait des grains de blé afin qu'il pousse dans le secret du tombeau. Ainsi, mis en terre en même temps que le défunt, le blé, symbole vital d'Osiris, était pour le disparu la certitude de sa renaissance future, l'assurance de la continuité de sa vie, puis de sa résurrection lumineuse. C'est pourquoi, dans le papyrus funéraire de Nu, Osiris déclare: «Je suis le Seigneur des hommes qui ressusciteront des morts.» C'est une telle image symbolique qu'utilisera le Christ lorsqu'il se

---

[67] J. M. Ragon, *Orthodoxie Maçonnique*, 1853, p. 101: <tinyurl.com/Orthodoxie-Maconnique

[68] Vidéo, Mackey: <tinyurl.com/symbolisme-de-la-FM>.

comparera lui-même au grain de blé devant mourir pour renaître et produire de nouveaux grains au centuple. Certains gnostiques utilisèrent cette parole pour affirmer que le Christ avait suivi la totalité du parcours initiatique osirien afin de devenir à son tour un Osiris spirituel, un être de Lumière.

L'initié du 3ème grade des mystères d'Isis était d'abord conduit dans un vestibule au-dessus de l'entrée duquel était écrit «porte de la mort». Des momies et des cercueils étaient figurés sur les murs. Il trouvait bientôt un cadavre. Au milieu du vestibule était placé le cercueil d'Osiris, qui, à cause de son assassinat présumé, était empreint de tâches de sang. On demandait à l'aspirant s'il avait participé à ce meurtre;à la suite de cette épreuve préparatoire, il passait dans une salle, où tous les initiés étaient habillés en noir;on lui présentait une couronne qu'il foulait aux pieds, et le chef de l'initiation s'écriait «outrage, vengeance!», et saisissait de suite la hache des sacrifices, en frappaient doucement le candidat à la tête. À l'instant deux initiés le renversaient et l'enveloppaient de bandelettes;tous ceux qui l'entouraient étaient dans la tristesse;on le présentait dans cet état de mort apparente devant un tribunal qui déclarait qu'il n'avait point participé au meurtre d'Osiris, et on lui rendait la liberté;…; le signe de reconnaissance consistait dans une embrassade particulière[69].

Alexandre Lenoir avec l'*Explication d'un papyrus égyptien* complète le rapprochement que l'on fait entre les meurtres d'Osiris et d'Hiram[70].

---

[69] Docteur Pierre Gérard Vassal, Cours complet de Maçonnerie ou Histoire générale de l'Initiation depuis son origine jusqu'à, son institution en France, 1832, p.244 et 245: <tinyurl.com/Cours-de-Franc-maconnerie>.

[70] Alexandre Lenoir: <tinyurl.com/Osiris-et-Hiram>.

En alchimie, au XVIIe siècle, le mythe d'Osiris est repris par Michael Maier dans son *Atalante fugitif* qui en fait une fugue, une gravure et un poème sur les thèmes de transformation, de régénération et de renaissance[71].

En Grèce, l'homologue d'Osiris est Dionysos-Zagreus. Né d'une union illégitime de Zeus, l'enfant Dionysos encourt la haine d'Héra, qui le fait assassiner et mettre en pièces par les Titans; mais une autre divinité, Apollon ou Athéna, rassemble les membres suppliciés, et le jeune dieu reprend vie;la biographie d'Atys, parèdre de Cybèle, comporte également castration, mort et renaissance. On n'en finirait pas d'énumérer les dieux dont l'histoire est conforme à cet itinéraire, dans lequel s'inscrit aussi celui d'Hiram.

La mise en œuvre du mythe d'Hiram Abif, dans les rites égyptiens de la Franc-maçonnerie, est une opération de magie opératoire destinée à faire revivre à tous les maîtres maçons ce que les prêtres-initiés égyptiens ritualisaient dans la grande pyramide afin de transférer l'esprit du pharaon défunt (Osiris) au nouveau pharaon désigné pour en faire un nouvel Horus.

La religion égyptienne primitive, probablement d'origine atlante, deviendra dualiste lorsqu'elle opposera le dieu bon Osiris (Oussir) à son mauvais frère Seth (Oussit), tous deux censés être les fils de Ptah, le Dieu suprême. Mais ces dieux eux-mêmes avaient eu une naissance. C'est de l'Océan primordial Noum ou Noun que serait né Atoum ou Aton, le Dieu Soleil, duquel était né à son tour un premier couple divin, Chou et Tefnout. C'est des larmes de joie que versa Atoum lors de cette paternité que seraient issus les hommes. Chou et Tefnout donnèrent naissance à Ghêb, la Terre, et à Nout, le Ciel, lesquels engendrèrent Isis, Osiris et Nephthys.

---

[71] Patrick Burensteinas, étape 2, *Le Voyage alchimique, Chartres*, vidéo à partir de 20'): <tinyurl.com/Burensteinas-Chartres>.

La naissance d'Osiris avait d'ailleurs eu lieu en Amentêt (ou Amenti), le séjour des bienheureux, situé en Occident (il s'agit sans doute de l'Atlantide), où Nout, encore vierge, avait été fécondée par l'Esprit, ce dernier ayant pris la forme d'un ibis. Ce n'est que plus tard, sous l'influence d'envahisseurs sémites, lesquels révéraient notamment Seth, le troisième fils d'Adam et d'Ève, que les égyptiens ajouteront Seth aux enfants qu'aurait engendrés Nout. Et c'est après le départ d'Égypte de ces envahisseurs qu'on fera de Seth (Typhon) l'esprit du mal, le mauvais frère d'Osiris tel que raconté dans le mythe d'Osiris.

La religion osirienne étant un culte à mystères, il fallait y être initié. Abraham et Melkitsédec le furent probablement et aussi Moïse, qui transmit cette initiation à Josué. Il y aurait donc chez les Hébreux une tradition gnostique, qui serait transmise parallèlement à la doctrine monolâtre officielle, tradition où Osiris devint Adam, dont Seth n'est toutefois pas le mauvais frère, mais au contraire un fils, destiné à remplacer Abel, tué par Caïn le réprouvé. Un des éléments essentiels de la doctrine ésotérique osirienne est le principe des émanations: il n'y a qu'un seul Dieu, lumineux et parfait, mais il peut faire émaner de Lui des êtres qui participent de Lui tout en ayant une personnalité distincte de la sienne. D'où l'apparent polythéisme de la religion égyptienne. D'où aussi les éons et les anges de beaucoup de doctrines gnostiques, et même la Trinité chrétienne, qui serait une variante de la trinité égyptienne et de la Trimourti hindouiste. C'est contre les excès de cette conception et ses conséquences que réagit le pharaon Aménophis IV, lequel changera son nom en Akéhnaton et voulut rétablir un monothéisme plus épuré. Mais, après sa mort, le polythéisme officiel reprendra le dessus, et c'est pourquoi certains font l'hypothèse que Moïse entraînera hors d'Égypte presque tous les Hébreux, suivi aussi par quelques égyptiens initiés et même par quelques étrangers. La religion osirienne ayant évolué en Égypte, elle donnera naissance, à l'époque hellénistique, à la doctrine hermétiste, du nom d'Hermès, dieu grec à qui sera assimilé Thot, l'antique législateur égyptien.

En se rendant sur leurs tombes sous forme osirienne, les Égyptiens montraient qu'ils avaient trouvé leur Soi supérieur à l'intérieur – ce que nous appellerions aujourd'hui leur «conscience de Bouddha» ou «conscience du Christ».

Le mythe de Dionysos

Dionysos est le seul dieu grec né d'une mère mortelle. Dès Homère et Hésiode, il est présenté comme le fils de Zeus et de Sémélé, fille du roi de Thèbes Cadmos et d'Harmonie. Sémélé, poussée par Héra, jalouse, déguisée en sa nourrice, demande à contempler Zeus, dont elle est enceinte, dans toute sa majesté. Zeus, ayant promis, doit se présenter muni de sa foudre qui tue sur le champ Sémélé. Zeus tire alors son fils du ventre de sa mère et, s'entaillant la cuisse, y coud l'enfant pour mener sa gestation à terme. C'est l'origine de l'expression «être né de la cuisse de Jupiter», la cuisse pouvant être une désignation euphémique pour les organes sexuels, Dionysos alors pourrait être considéré comme issu directement du sperme de Zeus.

Dans une autre version, la version orphique du mythe, Dionysos-Zagreus est le fils de Perséphone et de Zeus. Héra, jalouse, demande aux titans (Cronos, Océan, Japet …) de se débarrasser du nouveau-né. Les géants attirent l'enfant Dionysos-Zagreus avec des jouets (qui resteront mystiques: la toupie, le rhombe, les osselets et le miroir), le massacrent et le découpent en morceaux qu'ils font cuire dans un chaudron et qu'ils consomment. Athéna ramasse pourtant son cœur dans un coffre et le donne à Zeus au moyen duquel il féconde ensuite Sémélé. Dionysos est ensuite ressuscité. C'est à cette seconde tradition, où il est fils de

Zeus et de Perséphone, que se rattache le mythe du démembrement de Dionysos.

Pour une narration plus précise sur *le culte à Mystères de Dionysos – La quête de l'extase mystique*, regardez Ludovic Richer nous en parler[72].

À la différence d'Osiris qui ressuscite au pays des morts, de l'inconscient, Dionysos meurt une première fois démembré lui aussi, en l'occurrence par les Titans peu après sa naissance, mais il renaît sur terre en Grèce chez les vivants. Poursuivre avec le texte de Marie-Laure Colonna *Dionysos ou le temps retrouvé*[73].

Les dionysies étaient des fêtes marquant les équinoxes. Les cultes à Mystères n'étaient pas des cérémonies bacchanales.

Quelle que soit la version, Dionysos connaît deux naissances, ce qui explique l'une de ses épithètes «le deux fois né».

Il y a une tradition pour dire que la tragédie grecque, dans sa forme la plus ancienne, n'avait pas d'autre objet que les souffrances de Dionysos. Pour Nietzsche, dans son livre *La naissance de la tragédie,* l'art est en même temps ce qui rend supportable l'horreur face au devenir: «*Lui seul est à même de plier ce dégoût pour l'horreur et l'absurdité de l'existence à se transformer en représentations capables de rendre la vie possible.*»

Par sa mort et résurrection, son culte rendu avec du pain et du vin, Dionysos, serait un antécédent païen de l'histoire de Jésus[74].

---

[72] Vidéo Ludovic Richer: <tinyurl.com/culte-Dionysos>.

[73] <academia.edu/63000368>.

[74] G. Mackey en a exploré les Mystères dans son ouvrage *The Symbolism of Freemasonry* ou à écouter (en anglais) <tinyurl.com/Dionysos-et-Jesus>.

Le Mythe de l'éternel retour

Selon Mircea Eliade, historien des religions, l'univers subit la loi d'un éternel recommencement. L'histoire du monde se déroule de façon cyclique. Les astronomes babyloniens avaient découvert que les révolutions des planètes, les révolutions annuelles du soleil et de la lune sont des sous-ensembles d'une même période commune, la grande année, au terme de laquelle le soleil, la lune et les planètes reprennent leur position initiale par rapport aux étoiles fixes. Ils en avaient conclu que la vie de l'univers repasse éternellement par les mêmes phases.

La notion de cycle va alors imprégner de nombreux mythes qui furent inspirés par l'astronomie et le mouvement des astres. La distinction entre le passé et l'avenir s'efface pour laisser place à une vision plus globale du temps, une vision de l'éternel retour pressenti par ces peuples anciens et contemporains.

Dans toutes les sociétés, il existe une conception de la fin et du début d'une période temporelle, fondée sur les rythmes biologiques et sur la régénération de la vie. L'homme a besoin de fixer des repères dans l'écoulement du temps. Ainsi, toute nouvelle année est une reprise du temps à son commencement, reproduisant la création du monde, le retour à l'unité primordiale, le passage du chaos à l'ordre. Le passé cesse d'être irréparable, ce qui a été peut être revécu et le monde peut se réenchanter. Cette conception est présente dans l'Égypte ancienne, dans les rites à mystères des Grecs anciens, en Inde et en Extrême-Orient, dans les traditions celtes et en Amérique précolombienne.

Pour une interprétation du *Corps morcelé de Dionysos* par Frédérique Ildefonse: <tinyurl.com/corps-morcele>.

L'idée générale de temps cyclique est probablement apparue pour la première fois dans la pensée hindoue. Le Samsâra, l'écoulement, désigne la transmigration des âmes, le cycle des renaissances, dont le principal moteur est le karma. Les hommes sont alors destinés à renaître perpétuellement jusqu'à ce qu'ils atteignent l'éveil, l'illumination. Dans cette conception de la vie, la mort n'est qu'un simple passage d'une existence à une autre.

La doctrine de la transmigration des âmes était étroitement associée aux orphiques, et aux adeptes du philosophe et mathématicien Pythagore. Selon ses enseignements, l'âme, à peine sortie du corps, se retrouve comme en prison dans un autre corps. Elle est condamnée à se réincarner sans cesse à cause d'une souillure primitive. Le cycle des réincarnations est sans fin pour ceux qui ne sont pas initiés.

Dans L'Égypte ancienne, le mythe de l'éternel retour est celui du disque solaire, des crues du Nil, des jours et des saisons. Même au-delà de la mort, on retrouve ce mythe, car il y a une unité cosmique;la loi de Thot rapportée par les textes des sarcophages commence ainsi: «Tout est cycle. Je recommence à vivre après ma mort. Je ressuscite après la mort.»

Aujourd'hui encore, de nombreux rites agraires, mimant cette renaissance, perdurent en Europe. Toute la doctrine est présente dans *Ainsi parlait Zarathoustra* de Nietzsche: «Toutes les choses reviennent éternellement, et nous-mêmes avec elles. Tout s'en va, tout revient;éternellement roule la roue de l'être. Tout meurt et tout refleurit, éternellement se déroule l'année de l'être.»

La question philosophique, et métaphysique, qui se noue derrière est, d'une part, celle du temps cyclique, indéfini, impensable en sa fin et donc structuré en une circularité qui va d'une création à un chaos ultime, où tout se refond et se refonde figuré par un cercle, d'autre part, celle d'une théologie, d'une finalité terminale, figurée par une progression linéaire. L'entrée dans un temps historicisé est inaugurée d'abord par la transgression d'Adam et Ève, ensuite par la sortie d'Égypte. Parallèlement, la représentation du temps cosmique est maintenue grâce à l'importance accordée aux cycles du calendrier et aux rituels (shabbat, jachère, jubilé). C'est avec la Bible que naît l'idée d'un temps qui se déploie à partir d'un commencement et qui va vers une fin. La théologie chrétienne, dès les premiers conciles, tente de valoriser une linéarité qu'elle oppose aux représentations cycliques des civilisations dites «païennes», ruinant les représentations cycliques agricoles et fondant un temps historique unique. Pour Papus, l'apprenti sera alors la graine qui éclot; le compagnon. la plante qui fleurit; le maître, la plante qui fructifie et le fruit qui tombe pour générer de nouvelles plantes par la fructification qui libère les graines contenues en lui.

L'éternel retour, également, n'est pas exactement un retour au «même». Dans le labyrinthe, la dialectique du «même» et de «l'autre» s'estompe. Le trajet labyrinthique est une progression régressive: la spirale contraint tout «voyageur» à revenir sur ses pas, on ne s'approche donc du centre qu'en s'en éloignant. On avance à coups de mémoire. Sortir du labyrinthe, revenir à la lumière, ne signifie pas retrouver un état antérieur qui soit le même – ce qu'indique la répétition-c'est une nouvelle naissance. On peut parler d'une «régression en avant» dans la mesure où la mémoire, le fil d'Ariane, annonce un futur. Il s'agit d'une mémoire eschatologique, d'une mémoire espérance[75].

On peut dire que le temps cyclique est un temps extérieur (chronos) mesurant le temps des horloges à l'intérieur duquel se vit un temps linéaire irréversible (Kairos) de la vie individuelle. «Chronos met en évidence l'élément *quantitatif,*

---

[75] Philippe Borgeaud, Exercice de mythologie, page 36.

calculable et répétitif du processus temporel»;«Kairos désigne au contraire un élément *qualitatif* qui se signale par son absolue singularité».

Les Mythes solaires

Une histoire symbolique est une histoire combinée de telle sorte que l'évolution des personnages indique exactement l'évolution de la nature. Les mythologues modernes ont montré que toutes les histoires qui se rapportent aux divinités hindoues, égyptiennes, grecques, romaines et même au Christ n'étaient que des peintures plus ou moins parfaites de la marche du soleil;de là le nom de "mythes solaires donné" à tous ces récits.

Dans la plupart des mythes ou légendes solaires, il y a un héros frappé à mort par un monstre, un génie, un assassin. Ce héros a une épouse, un fils. Il est le soleil, sa femme est la terre, son fils l'homme. Malgré leurs divergences de récit, ces mythes arrivent tous à la même finalité: tantôt le héros ressuscite, tantôt il est vengé et remplacé par son fils. Le franc-maçon, en tant que fils de la veuve, est l'enfant qui devient homme en prenant la place d'Hiram.

Avec les heures d'ouverture et de fermeture des tenues, la présence des deux luminaires, le ciel étoilé, les paroles du rituel concernant le Vénérable placé à l'orient pour ouvrir les travaux, le chandelier à sept branches, la Franc-maçonnerie est bien positionnée au cœur d'allégories solaires. La loge est orientée selon la course solaire et les fêtes johanniques sont liées au culte solaire.

En tenue au troisième grade, ceux qui se déplacent à l'intérieur du temple ne marquent plus les angles comme ils le faisaient au grade précédent à l'image de la course du soleil mais aussi à l'image de la vie terrestre qui se précipite d'un seul élan de la naissance à la mort. L'assassinat d'Hiram, pris dans le style figuré ou allégorique, est comme la passion d'Osiris, comme celle d'Adonis, d'Atys, et de Mithra, un fait de l'imagination de prêtres astronomes, qui avaient pour but la peinture de l'absence du soleil sur la terre.

Le mythe d'Innana/Ishtar

Les anciens textes sumériens décrivent plusieurs divinités, masculines et féminines, mais une déesse était vénérée plus que toutes autres divinités, pendant des milliers d'années. C'est Inanna, la Grande Déesse astrale adorée depuis le début de la culture sumérienne. Elle s'est transformée en Ishtar plus tardivement en Mésopotamie akkadienne, en Anat et Atargatis en ancienne Syrie, en Ashtoreth et Astarté à Canaan et Israël, en Aphrodite à Chypre, en Athéna et Aphrodite en Grèce. Mariée à Tammouz (voir ci-dessous le mythe suivant), amoureuse repoussée par Gilgamesh dont elle se vengera.

Un ancien poème provenant de Nipur, un centre culturel et spirituel d'Akkadie, rapporte l'histoire de la descente d'Inanna dans le monde d'en bas. Au milieu de son règne en tant que reine des Cieux et de la Terre, Inanna décide de descendre dans le Monde d'en bas, le royaume de la mort gouverné par sa sombre sœur, Ereshkigal. Prévoyante, elle donne instructions à sa ministre, la déesse Ninshubar, d'attendre son retour dans trois jours. Si au bout de trois jours elle n'était toujours pas revenue, Ninshubar se lamenterait en battant le tambour pour elle. Inanna doit passer par sept portails dans sa descente. À chaque portail, elle est forcée d'abandonner des éléments de construction de son identité culturelle et sociale (ses 7 pouvoirs magiques volés au dieu Enki (qui veut dire qui suis-je?), fondamentaux de la vie). Lorsqu'elle atteint enfin la dernière chambre caverneuse où se trouve Ereshkigal, elle est complètement nue et abaissée.

Les sept portes à travers lesquelles Inanna passe et descend dans le Monde d'en bas rappellent les sept niveaux de la ziggurat, comme les sept chakras du corps psychique hindou, et représentent les sept niveaux de conscience. Inanna doit descendre du plus haut niveau de sa divinité jusqu'à l'état le plus primitif de conscience.

Ereshkigal et les sept juges du Monde d'en bas entourent l'impuissante déesse et posent leur jugement contre elle. Parce qu'elle a traversé le royaume des morts, elle aussi doit mourir. Elle est tuée et son cadavre est suspendu sur un crochet à viande. Après trois jours et trois nuits, Ninshubar se met à se lamenter, battant son tambour, se plaignant aux dieux afin qu'Inanna revienne. Enki, le dieu de l'eau et de la sagesse, envoie deux esprits asexués qui libèrent Inanna en lui donnant la nourriture et l'eau de vie. Lorsqu'Inanna est ressuscitée, elle peut retourner chez elle, mais à une condition: elle doit trouver quelqu'un pour la remplacer dans le Monde d'en bas.

Sa renaissance préfigure dans les rites de résurrection des cultes à mystères qui ont fleuri dans le monde classique et dans lesquels les initiés recevaient leur vie nouvelle grâce au corps et au sang d'une divinité. Ce concept est symboliquement repris dans les rites de communion chrétiens.

Le mythe de Tammouz

Tammouz ou Tammuz, Dumuzi chez les Sumériens, est le dieu de la végétation, symbole de la mort et de la renaissance de la nature.

Chaque année pendant l'automomne il meurt, entrainé vers les enfers par les sept démons Gallus. Alors, la sécheresse et la désolation règnent sur terre. Mais Ishtar son épouse ira l'y rechercher.

Ishtar, déesse de l'amour et de la guerre, qui régit la vie et la mort, épouse le berger Tammouz qui devint ainsi le souverain de la cité. Un jour, Ishtar (Innana) décide de descendre aux Enfers, séjour des morts, pour supplanter sa sœur aînée, pour y abolir la mort. Elle réussit à pénétrer dans le palais de sa sœur, mais doit se dépouiller de tous ses vêtements et abandonner tout son pouvoir. Sa sœur la fixe alors du regard de la mort et son corps devient inerte. Des messagers venus du monde d'en-haut parviennent à la rejoindre, mais les sept juges de l'enfer la retiennent en disant: «Qui donc, descendu aux enfers, est jamais remonté de l'enfer sans dommage? Si Ishtar veut remonter des enfers, qu'elle fournisse un remplaçant». Le remplaçant sera son mari Tammouz. Devant les lamentations de Tammouz, la souveraine des enfers, regrettant la perte de son époux, obtient des dieux l'autorisation de son retour cyclique parmi les vivants pour redonner à la vie sa puissance fertile;il ne restera qu'une moitié de l'année dans le monde des morts et sa sœur le remplacera pour l'autre moitié.

Quand l'agriculture et l'élevage furent des faits acquis, et à mesure que le rôle du mâle dans la génération apparut comme un élément vital, on adjoignit à la *Genitrix*, qu'elle fut appelée Terre-Mère ou reine des cieux ou autrement, un époux destiné à jouer le rôle essentiel de procréateur, même si en Mésopotamie, il n'était que le serviteur ou le fils de la Déesse, productrice de toute vie. Dans les communautés agricoles comme celles des vallées du Tigre et de l'Euphrate, lorsque le culte de la naissance fut rattaché au cycle saisonnier et aux rites de la végétation, la Déesse-Terre fut considérée comme détenant la fécondité de l'ensemble de la nature et devint ainsi chargée du renouveau périodique du sol, renouveau qui se produisait après les froids de l'hiver ou la sécheresse de l'été. En conséquence, elle prenait la forme d'une déesse aux aspects multiples, au caractère à la fois maternel dont Ishtar n'est que l'un des noms.

La nécessité allégorique exigeait l'union de la déesse qui incarnait la fertilité en général avec le dieu qui personnifiait le pouvoir créateur du printemps. Selon le cycle normal des saisons, il mourait et passait dans le séjour de nuit et de la mort, d'où les mortels ordinaires ne peuvent pas revenir. En Mésopotamie, la terre-mère était la source intarissable de la vie nouvelle. C'est elle qui permettait à la végétation de se renouveler, qui veillait sur les récoltes et qui présidait à la propagation de la race humaine comme à celle des espèces animales. Sous son aspect d'Inanna-Ishtar, par ses noces avec Doummouzi-Tammouz, dieu qui incarnait le renouveau printanier, elle symbolisait et même produisait effectivement le renouveau de la végétation, qui délivrait la terre d'une stérilité néfaste. Mais cette union ne devenait effective qu'après la lutte perpétuellement renouvelée entre les deux forces naturelles opposées: celle de la fécondité et celle de la stérilité. Une fois cette lutte victorieusement terminée par le triomphe du bien, Tammouz sauvé du royaume de la mort et rendu à la lumière dans tout l'épanouissement de sa virilité, la vie se répandait à nouveau sur la terre. C'est du retour de «l'enfant ressuscité» de la Déesse que dépendait l'élan nouveau qui faisait jaillir de la terre desséchée le flux vital.

Ce mythe permettait d'expliquer aux humains la succession des saisons et les différentes modifications de la nature au cours du déroulement de l'année;à l'automne et en hiver, Tammouz est absent parmi les vivants, à son retour au printemps et en été, la vie réapparaît sur terre. Après sa mort et sa résurrection, il sera mis au rang des dieux. Son culte se répandit en Syrie, en Phénicie et jusqu'en Judée, et il portera alors aussi les noms d'Adonis, Eshmoûn, Simon, Doumouzi.

Le mythe d'Adonis

Adonis est le type de héros de toutes les initiations. Les femmes grecques se faisaient un pieux devoir de pleurer aux cérémonies commémoratives de la mort d'Adonis, tué par un sanglier furieux. Cette légende illustre le rite solaire où le soleil féconde d'abord la nature pendant le printemps et l'été. Après cette époque, cet astre perd ses facultés productives. Voilà pourquoi, dans l'automne, Adonis allant à la chasse, est terrassé par un sanglier (symbole de l'hiver), qui le mutile et le prive de ses facultés génératrices. Avant d'être rendu à Vénus, qui déplore sa perte, ce dieu, dont la mutilation et la mort ne sont qu'une fiction, doit passer les six autres mois de l'année avec la Vénus (ou la nature) de l'hémisphère inférieur, cette femme des constellations, placée sur les sphères, devant le serpent, *præ serpens*, d'où vient le nom de Proserpine. Voilà donc le soleil du printemps ou de l'été, mourant en automne, pour revenir au printemps suivant.

Le mythe de Perséphone/Proserpine

Perséphone occupe une place importante dans les cultes de nombreuses villes, en particulier ceux d'Éleusis, de Thèbes et de Mégare, ainsi qu'en Sicile et en Arcadie.

Divinité infernale, elle est aussi à l'origine une déesse du blé, comme sa mère Déméter. Chez les Grecs, la fertilité du sol est étroitement liée à la mort, et les grains de semence sont conservés dans l'obscurité pendant les mois d'été pour la germination, avant les semailles de l'automne. Ce retour de la vie après l'ensevelissement est symbolisé par le mythe de Perséphone, enlevée, puis restituée qui a donné naissance aux rites des mystères d'Éleusis. Pour les fidèles, le retour sur terre de la déesse est une promesse formelle de leur propre résurrection. Ce mythe de l'agriculture est à rapprocher du mythe de Mithra.

La rupture d'une relation naturelle et fusionnelle entre Perséphone et sa mère, la déesse des moissons Déméter, est l'occasion d'une réflexion sur une problématique centrale à tout processus d'émergence: la confrontation à l'éloignement. L'enlèvement de la jeune fille par son oncle, le roi des morts, le refus de la Korê (la jeune fille) de s'unir à lui, le compromis trouvé entre la volonté d'Hadès et les incessantes résistances de la mère et de la fille face à la coupure, conduisent à une interrogation sur le travail du négatif, plus précisément sur la tension entre séparation nécessaire et séparation impossible et sur le sens de cette tension pour le processus créateur.

Le mythe de Déméter-Cérès

Cette déesse est en fait une divinité unique honorée par tout l'univers, mais sous différentes formes, sous divers noms, par différences cérémonies. Les Phrygiens, les premiers nés des hommes l'appellent la Pessinontienne mère des Dieux;les Athéniens, Minerve Cécropienne;les Chypriens, Vénus Paphienne;les Crètois, Diane Dictynne;les Siciliens, Proserpine Scygienne;les Éléusiniens, l'ancienne Déesse Cérès;elle est surnommée Cabiria par les Thébains;par d'autres, Junon;par d'autres encore, Bellone;quelques-uns, Hécate;quelques autres, Rhamnusie. Mais les Égyptiens, qui sont instruits de l'ancienne doctrine, l'honorent avec des cérémonies qui lui sont propres et l'appellent de son véritable nom, la Reine Isis. Déméter, dont le nom, sans doute une concaténation des mots grecs signifiant «terre et mère», était la déesse de l'agriculture et des moissons. Elle représentait la terre cultivée et féconde contrairement aux autres déesses comme Gaia ou Rhéa qui personnifiait la terre en tant que matière. C'est elle qui facilitait la germination et la pousse des plantes.

Fille de Cronos et Rhéa, elle fait partie des douze Olympiens même si elle préférait résider à Éleusis au contact de la terre plutôt que sur l'Olympe.

Elle fut assimilée par les Romains sous le nom de Cérès qui était une divinité latine très ancienne associée aux moissons. Anciennement en Attique, les morts s'appelaient les céréaliens.

Quand Hadès, souverain des morts, enleva sa fille Perséphone pour en faire son épouse, Déméter partit à sa recherche et négligea les récoltes de la terre. En prenant la forme d'une vieille femme nommée *Doso*, elle erra pendant neuf (9) jours. Se rendant compte qu'une famine menaçait les mortels, Zeus se décida à envoyer Hermès au royaume d'Hadès pour lui demander de rendre Perséphone à sa mère. Mais Perséphone avait mangé six pépins de la grenade offerte par Hadès, en guise de dernière ruse pour la garder avec lui;la tradition voulait que quiconque mangerait dans le royaume des morts ne puisse le quitter. Zeus s'entendit pour que Perséphone passe les six mois cultivables sur la terre avec sa mère et les six mois du reste de l'année avec son époux. C'est de ce mythe de Perséphone qu'est né le cycle des saisons dans la mythologie grecque.

Son culte est fondé sur le rythme des saisons; il est à la source des Mystères d'Éleusis. Le secret de ses Mystères était très bien gardé et sa divulgation était punie de la peine de mort;Eschyle faillit en être condamné.

Déméter était aussi particulièrement vénérée par les femmes, par exemple lors des Thesmophories à Athènes, cérémonie qui reçut son nom de l'épithète de la déesse *Thesmophoros* (la Législatrice) et qui était réservée aux femmes;celles-ci rendaient un culte à la fertilité aussi bien pour elles-mêmes que pour la cité;Aristophane en fait le sujet de sa comédie, *Les Thesmophories*.

Les temples de Déméter, appelés *mégara*, se trouvaient souvent dans les forêts.

Bernard Dov Hercenberg remarque,dans son article *Le mythe de Déméter et la tension entre la séparation tentée et la séparation impossible*, que le mouvement de retour qui est présent dans le mythe de Déméter n'est pas sans rappeler certains paramètres de l'*Aufhebung* hégélienne et de l'*Überwindung* nietzschéenne. Non seulement parce que cet éternel retour implique une confrontation au négatif mais parce que ces allers et retours se font par des mouvements de montée et de descente. Car Perséphone est celle qui répétitivement s'enfonce dans le sein de la terre pour aller vers le royaume d'Hadès et répétitivement remonte à ciel ouvert retrouver sa mère. Le mouvement de Perséphone pour faire face à la négativité s'accomplit par d'incessantes montées et descentes qui, en somme, font le tour de la négativité d'une part, de la vie et de la lumière d'autre part. Ces descentes et ces remontées permettent une reconnaissance des différences et une prise en compte du tout. Elles articulent une connaissance dont l'une des caractéristiques est, d'une certaine façon, un «surmontement» du négatif et de la différence. Dans ce sens, elles ne sont pas sans évoquer les montées et les descentes dont parle la philosophie depuis Platon à propos du rapport entre le sensible et le suprasensible. Le mythe shintoïste de la déesse Amaterasu est, à rapprocher de celui de Déméter. Cette divinité féminine aurait introduit la riziculture, la culture du blé et les vers à soie. Dans la légende la plus célèbre à son sujet, elle s'enferme dans une grotte, provoquant des catastrophes sur la terre et dans les cieux.

Le **Mythe de Mithra**
Mithra est une divinité indo-européenne. Plusieurs documents hittites confirment son existence dès le IIe millénaire avant J.-C.
Le nom Mithra est formé du persan *mithri* ou *mether* qui signifie Seigneur, titre que donnent au dieu Mithra quantité d'inscriptions, en particulier Julien l'apostat qui l'appelait tantôt roi de toutes choses, tantôt seigneur, ici témoin, là père et quelque fois protecteur. Les Gaulois avaient la même idée que les Perses et les Romains, ils qualifiaient le soleil de Seigneur de l'Empire romain.
En l'absence de textes sur le mithraïsme, écrits par les adeptes eux-mêmes, les principales sources d'information

exploitables sont les images sacrées trouvées dans les *mithræa*.

Mithra naît d'une roche féconde, la *Pétra géneratrix*,au pied d'un arbre sacré, près d'une source cultuelle, avec un bonnet phrygien sur la tête, un couteau de chasse dans une main et un flambeau dans l'autre. Des bergers, venus adorer l'enfant dieu, prirent soin de lui et lui offrirent du bétail et des fruits de la terre. Étant nu, il coupe les feuilles d'un figuier et s'en fait un pagne, cueille les fruits et les mange. Puis il se met en marche pour affronter les puissances qui peuplent l'univers. Il rencontre le taureau primordial qui paissait dans les montagnes, décide de le monter mais, dans le galop sauvage de la bête, Mithra tombe et s'accroche aux cornes de l'animal. La bête épuisée, Mithra l'attache et la charge sur ses épaules. Ce voyage avec le taureau se nomme *Transitus*.

Quand Mithra arrive dans la grotte, un corbeau envoyé par le Soleil lui annonce qu'il devrait faire un sacrifice. Flanqué de deux dadophores (qui portent des torches), Cautès torche levée et Cautopatès torche baissée, représentant respectivement le lever et le coucher du soleil (ou les signes du zodiaque qui marquent l'entrée, le premier dans la saison chaude, le second dans la saison froide)un genou sur le taureau, Mithra plante un couteau dans sa gorge tournant les yeux vers le corbeau, messager du Soleil. Touché au cœur le taureau s'effondre. De la colonne vertébrale du taureau sort du blé, et de son sang coule du vin.

Pour approfondir les origines du mythe, compléter avec le texte de René P. Bacqué de Balagué, *Mithra, un dieu franc-maçon, vraiment?*[76]

Furibond, l'esprit du mal Angra Mayniu se déchaîne contre les bienfaits du taureau qu'il décide d'anéantir, en envoyant des animaux impurs pour détruire la source de la vie.

---

[76] René P. Bacqué de Balagué: <tinyurl.com/Mithra-dieu-franc-macon>.

Arrivent alors le chien qui mange le grain, le scorpion qui serre les testicules de la bête avec ses pinces, le serpent buvant le sang de la blessure. Mais la Lune, fidèle compagne du Soleil, avec son aide, rassemble et purifie la semence du taureau pour parachever le travail de Mithra, donnant naissance à toutes sortes d'animaux utiles. Furieux, Angra Mayniu, dépêche une multitude de calamités contre les hommes dont un déluge destiné à rayer l'humanité de la création. Heureusement Mithra veillait et avertit un homme qui construit une arche solide pour sauver les créations terrestres.

À court d'imagination, l'esprit du mal Angra Mayniu, cesse provisoirement toutes tentatives contre les hommes.

Après avoir accompli la mission que le dieu Ahura Mazda lui avait confiée, Mithra participe, avec son vieil ami le Soleil à un dernier banquet solennel, ou il mange le pain et boit le vin. Ensuite il s'élève au ciel où il continuera de vivre veillant sur les hommes et les protégeant du mal.

Quant au taureau sacrifié il fut élevé au ciel où il devint une constellation.

Le mythe de Mithra n'est pas sans rappeler des éléments d'autres traditions. Comme il leur est antérieur, on peut se poser la question de l'influence de ce mythe sur ceux du déluge, du solstice, de l'eucharistie, de l'Ascension, de Jésus en somme, et pourquoi pas de la Franc-maçonnerie.

Le mythe d'Odin

Odin est le dieu principal de la mythologie nordique. Son rôle, comme pour la plupart des dieux nordiques, est complexe, étant donné ses fonctions multiples: dieu du savoir, de la victoire et de la mort. Dans une moindre mesure, il est également considéré comme le patron de la magie, de la poésie, des prophéties, de la guerre et de la chasse.

Odin est représenté comme un homme âgé, barbu et borgne. Il est une divinité polymorphe. Il se déplace sur un cheval à huit jambes nommé Sleipnir, armé de sa lance Gungnir. Lorsqu'il est dans son palais, la Valhöll, les deux corbeaux Hugin (la pensée) et Munin (la mémoire) lui racontent à l'oreille ce qu'ils ont vu des neuf mondes. De plus, deux loups, Geri et Freki, restent à ses pieds. Son trône, Hlidskjalf, lui permet de voir tout ce qui existe dans les neuf mondes. Mimir est un géant, incarnation de la mémoire dans la mythologie germanique. «Odin voulait connaître les runes et les révéler. Les runes, ces signes mystérieux, écriture secrète et magique, symboles d'une connaissance interdite auxquelles les dieux n'avaient pas accès. Neuf jours et neuf nuits, il médita dans l'ombre protectrice d'Ygdrasil. Puis il demanda aux autres dieux de réaliser son désir. C'était un véritable sacrilège que de réclamer ce pouvoir interdit aux dieux, aussi refusèrent-ils. Alors Odin demanda l'arbitrage des Nomes (déesses vierges celto-druidiques: **Urd:** la sœur aînée, enroule les fis autour du fuseau, donnant ainsi la vie en «créant» littéralement de nouvelles destinées. **Verdandi**: file la laine et choisit la direction que chaque fil de destinée prendra. **Skuld**: la cadette est associée à la mort qu'elle décide en coupant les fils), les tisseuses qui tissent le destin, symbolisé par le triskèle. Les gardiennes des portes sombres, après réflexion, lui furent favorables, mais elles lui imposèrent de terribles conditions. Odin accepta le sacrifice, en toute connaissance de cause. Il se pencha sur la fontaine de Mimir. Comme il ne voyait rien, il sacrifia son œil droit, qui tomba dans la source sacrée. Alors il vit. Il vit les temps infinis, la profondeur de la mémoire, le passé et le futur des hommes. Puis, il se perça le flanc de sa lance et les dieux le pendirent, la tête en bas, par un pied, sur l'if sacré où il était né. Tous les bourgeons de l'arbre se mirent à saigner. Pendant neuf terribles nuits de souffrance, le dieu borgne resta suspendu à Ygdrasil. Neuf nuits, comme il faut neuf mois pour faire un homme... Alors que les ténèbres cédaient la place au soleil, le dieu fut illuminé par la lumière des runes enfin révélées. En découvrant les runes, Odin devint «le prince du pouvoir gravé». Odin enseigna qu'il faut utiliser les runes dans toutes les circonstances de la vie, car elles sont un guide, une aide, elles sont l'espoir des désespérés, les fidèles compagnes du cœur brisé par la solitude». Il était un Dieu ase de la sagesse et une des deux divinités envoyées en échange de la paix aux Vanes. Mais ces derniers, en réalisant qu'ils avaient été bernés, décapitèrent le Dieu et envoyèrent sa tête aux Ases. Toutefois, Odin l'enduisit d'une mixture d'herbes pour qu'elle ne pourrisse pas et il l'enchanta de sortilèges. Une fois ramenée à la vie, la tête était capable de parler et de révéler des secrets occultes, de nombreuses vérités que personne d'autre ne connaît. Odin la plaça sous les racines d'Yggdrasil près du puits au même nom que la tête momifiée. Il devient ainsi le gardien de la *Mimisbrunn*, la «source de Mimir», source qui renferme la sagesse et l'intelligence.

Frêne mythologique de la religion scandinave primitive datant de 2500 ans avant J.-C. l'Yggdrasil, l'arbre-monde vient de la mort d'Ymir, le géant primordial né du chaos. Tué par ses fils, il se métamorphosa. Le sang du géant se changea en mer, son crâne se transforma en arc en ciel (le Bifrost), ses poumons en nuages, ses os en montagnes et ses cheveux en arbre-pilier du monde et de toutes natures. Les bouleversements d'Ymir ont créé un Nouveau Monde c'est sa renaissance dans la mort. Il vit dans le monde dont il est la seul source.

Sur lui reposent neuf royaumes. Il aurait trois racines, dont l'une puise à la fontaine d'Urd, là où les Ases tenaient conseil et où les Nornes, vieilles sorcières très sages et craintes des dieux, fixent la durée de la vie des hommes, versant sur l'arbre l'eau de cette fontaine afin de lui assurer une sève et une verdure perpétuelles. La deuxième racine s'étend vers le pays des géants;elle puise à la fontaine de Mimir censée contenir la source de toute sagesse;la fontaine est gardée par un géant et abrite la tête du dieu Mimir qui détient les secrets de l'univers. Quant à la troisième racine, elle provient de Nieflein, l'enfer scandinave, où elle est constamment rongée par un dragon, Nídhögg, mais où elle se régénère sans cesse.

En d'autres termes, on pourrait dire que l'arbre du monde puise son énergie dans les expériences vécues (la mémoire ancestrale), les connaissances secrètes (les secrets de l'univers et des dieux), et dans la destinée des êtres (l'évolution de la conscience).

Sur la branche la plus élevée d'Yggdrasil se tient un aigle, tandis que d'autres animaux sont perchés sur les autres rameaux: une chèvre, un cerf, de ses cornes ruisselle l'eau qui tombe dans Hvergelmir, un écureuil, Ratatosk, courant sans cesse dans l'arbre, ne cessant de semer la discorde entre le dragon et l'aigle.

Voir l'article de Mircea Eliade: *Le mythe d'Yggdrasil, l'arbre cosmique des scandinaves.*[77]

Le Mythe des Cabiri

Les Cabiris étaient des dieux dont le culte était d'abord établi dans l'île de Samothrace, où les Mystères de Cabiric étaient pratiqués. Les dieux appelés les Cabiri étaient à l'origine deux, et ensuite quatre, ils sont supposés, par Bryant, faire référence à Noé et à ses trois fils;les Mystères de Cabiric étant une modification du culte de la déesse-lune (Astartée ou Ishtar) à laquelle on consacrait des arcs en bois d'acacia.

Dans ces mystères, il y eut une cérémonie appelée la «mort cabrique», dans laquelle se représentaient au milieu des

---

[77] Mircea Eliade: Le mythe d'Yggdrasil, l'arbre cosmique des scandinaves <tinyurl.com/mythe-d-Yggdrasil>.

gémissements et des larmes et de la réjouissance subséquente des initiés, la mort et la restauration à la vie de Cadmillus, le plus jeune des Cabiri. La légende raconte qu'il avait été tué par ses trois Frères qui s'enfuirent ensuite avec ses parties viriles dans un panier mystique. Son corps, couronné de fleurs, fut enterré au pied du mont Olympus. Clément d'Alexandrie parle de la légende comme du mystère sacré d'un frère tué par ses frères ou dans l'original comme *frater trucidatus a fratribus*. Certains auteurs supposent que les trois Cabiri, ou Corybantes, symbolisent le soleil, la lune et la terre, censée être tuée dans l'éclipse, et citent les mots d'Hésiode – «Taché de sang et tombant entre les mains de deux corps célestes».

Le Casmillus tué avait la même signification que le dieu solaire osirien dans les livres phéniciens, babyloniens et égyptiens. Le sang, auquel il est fait référence dans la version phrygienne des rites cabiriques rappellerait les cosmogonies avec quelques références curieuses qui peuvent caractériser la circoncision, le baptême de sang mythique, et le Taurobolium ou le baptême de taureaux[78].

Goblet D'Aviella raconte dans son livre *Origine du grade de maître dans la Franc-maçonnerie* (1905): Dans les mystères des Cabires, à Samothrace, on mettait en scène l'histoire tragique des trois frères, Axiéros, Axio-kërsos et Axiokersa. D'après la version de la légende que rapporte Pirmicus Maternus, deux des Cabires mettaient le troisième à mort et l'enterraient au pied du mont Olympe;il était ensiiite ramené à la vie par Hermès. La décoration de certains miroirs étrusques repré-sente les scènes successives de ce drame. Dans l'une, on voit Axiéros saisi par ses frères, devant deux colonnes à. cliapiteau corinthien. Dans une autre, Hermès, accompagné de deux satyres qui lui servent d'acolytes,

---

[78] John Yarker, *The Arcanes Schools*, 1909:
<hermetics.org/yarker2.html>

s'approche du corps et s'efforce de le ressusciter avec sa baguette magique.

Les dieux cabiriques étaient considérés comme les instructeurs de l'humanité dans toutes les connaissances utiles; les rites magiques, la construction, la fusion et le travail des métaux, la construction navale, la musique, etc., étaient dénommés Technites ou artificiers. Sanconiathon dit qu'Ouranos était le père des sculpteurs, tout comme Hiram le père ou Abiv des maçons, les métallurgistes, les sculpteurs et les teinturiers, et en vérité un Cabir.

Il est généralement supposé que ces mystères ont été institués en l'honneur d'Atys, le fils de Cybèle ou Déméter, dont Cadmillus était seulement un autre nom. Selon Macrobius, Atys était une des appellations du soleil, et nous savons que les mystères ont été célébrés à l'équinoxe vernal. Ils durèrent trois jours, pendant lesquels ils représentaient dans la personne d'Atys, ou de Cadmillus (le plus jeune des Cabiri), la mort énigmatique du soleil en hiver, et sa régénération au printemps. Selon toute probabilité, dans l'initiation, le candidat traversait un drame dont le sujet était la mort violente. La «mort cabrique» était, en fait, une légende, comme on peut le comprendre, très analogue en esprit à celle du troisième degré de la Franc-maçonnerie hiramique.

Alors l'époptie d'Hiram présentée aux francs-maçons est-elle un conte, une légende ou un mythe?
Qu'en pensez-vous?

À propos de l'auteur

Jacques-André éditeur
TU, Lettres de Passion, 2001 (Prix Laure de Noves)

Éditions de La Hutte
Pour éclairer le chemin, Une approche philosophique de la Franc-maçonnerie, 2011
Vocabulaire de l'apprenti franc-maçon, 2ème édition, 2012
Vocabulaire du compagnon franc-maçon, 2012
Vocabulaire du maître franc-maçon, 2013
Éléments de tracés avec règle et compas, La concordance maçonnique, 2015
Que signifie tailler sa pierre?, 2015

Éditions ledifice.net
Rassembler ce qui est épars, 2020
Vocabulaire de l'apprenti franc-maçon, 3ème édition, 2020
Vocabulaire du compagnon franc-maçon, 2ème édition, 2021

Éditions Ubik
Il était une fois un mythe, Hiram, 2021
La gestuelle maçonnique, 2021

Numérilivre Éditions
Tracés maçonniques, l'esprit de la géométrie, 2022

Éditions Dervy
Dictionnaire vagabond de la pensée maçonnique, 2017 (**prix littéraire de l'Institut maçonnique de France**, catégorie Essais et Symbolisme)
Franc-maçonnerie. Comment passer du profane au sacré, 2023

Lumières vers la Chambre du milieu

Lumières vers la Chambre du milieu

www.ingramcontent.com/pod-product-compliance
Lightning Source LLC
Chambersburg PA
CBHW012305240726